Schulz
Wenn Männer in der Falle sitzen

Berndt Schulz

Wenn Männer in der Falle sitzen

Patmos Verlag Düsseldorf

Die Deutsche Bibliothek - CIP-Einheitsaufnahme

Schulz, Berndt:
Wenn Männer in der Falle sitzen/Berndt Schulz. -
1. Aufl. - Düsseldorf: Patmos-Verl., 1998
ISBN 3-491-72405-8

Satz: Hermann-Josef Frisch, Lohmar
Druck und Bindung: Wiener Verlag, Himberg
ISBN 3-491-72405-8

Inhalt

Vorbemerkung

Männer und Frauen leiden aneinander. Und jedes Geschlecht schiebt dem anderen die Schuld zu. Aber wenn sich etwas ändern soll am Umgang der Geschlechter, müssen beide Seiten etwas tun. Neue Rollen müssen gespielt werden.

Die alten Geschlechterrollen besaßen eine einseitig väterliche oder mütterliche Orientierung, beides paßt nicht mehr in unsere Zeit. Die Frauen haben als erste damit angefangen, alte Muster über Bord zu werfen. Die Männer sahen staunend zu. Dabei haben sie vergessen, dass auch sie alte Muster über Bord werfen können – und müssen.

Männer müssen gehört werden, ja sie müssen sich Gehör verschaffen. Denn sie sind nicht das gefühllose, bindungsunfähige, machtorientierte, gewalttätige Geschlecht, als dass wir sie abstempeln. Frauen haben ihre alten Rollen abgeworfen und konnten sich emanzipieren. Männer nicht. Wenn wir verlangen, dass sie sich ändern, dann müssen wir die überholten Männerrollen in Frage stellen. Solange wir Männer so benutzen, als seien sie das zweitrangige Geschlecht, das für uns die Drecksarbeit erledigt, werden sie alle Untugenden behalten, die sie für diese Rolle herausgebildet haben.

Männer müssen den Mut aufbringen, die Zwänge, die ihnen die Gesellschaft auferlegt, ohne Jammerei, aber auch ohne sentimentale Beschönigung zu benennen. Selbst wenn sie dabei an Nimbus verlieren. Und Frauen müssen ihr taktisches Verhältnis zu Männern, das aus ihrer jahrhundertelangen Stellung in der »patriarchalischen Überlebensgesellschaft« entstand, aufgeben.

Männer sitzen noch immer in den Rollenfallen, die wir für sie aufgestellt haben. Die Klagen über die heutigen Männer bestehen zwar völlig zu Recht, aber das hat nichts mit genetischem Erbe zu tun, sondern mit den gesellschaftlichen Männer-Rollen. Wenn wir diese überdenken und verändern, werden auch Frauen weniger Grund haben, über Männer zu klagen. Die Geschlechter werden zusammenrücken und besser miteinander auskommen. Das Trennende wird endlich überwunden werden können, und wir können gemeinsam damit beginnen, die drängenden Aufgaben der Zukunft zu lösen.

Dazu ist es notwendig, dass wir einen Moment lang mit den einstudierten Schuldzuweisungen aufhören und uns wirklich zuhören. Auch wenn dabei hin und wieder – hoffentlich ein letztes Mal – Vorwürfe erhoben werden. Vorwürfe sind manchmal eine ungeschickte, verspätete Form, um Aufmerksamkeit zu bitten.

Wir müssen diejenigen, die unglücklich sind und an ihren Rollen leiden, reden lassen. Wer ist das, unter den heutigen Bedingungen? Die Männer.

Wir müssen ihnen zuhören. Was haben sie zu sagen? Fangen wir an.

Einleitung: Männer sitzen in der Falle

Wir klagen über die Unsensibilität und Gewaltbereitschaft von Männern – gerade gegenüber Frauen. Die Klagen bestehen zu Recht. Frauen leiden unter Männern, Frauen werden von Männern vergewaltigt und geschlagen, gedemütigt und terrorisiert. Im Jahr 1997 wurden in Deutschland 1.333 Männer wegen Vergewaltigung verurteilt. Jährlich suchen rund 40.000 geschlagene Frauen Zuflucht in Frauenhäusern.

Die Frauenhäuser sind voll. Aber auch die »Männerhäuser« sind voll: die Gefängnisse. Deshalb müssen wir beiden Geschlechtern helfen. Vor allem müssen wir heute Männern helfen, die eingetretenen Pfade ihrer Rollen zu verlassen. Denn Gewalt gegen Frauen entsteht, nachdem Männer durch ihre Rollenzuweisungen zu Monstern geworden sind. Das sind Rollen, die Männer unhinterfragt bei Strafe der Verachtung und sozialen Ausgrenzung durch die Gesellschaft weiterhin spielen müssen. Sie haben bislang keine Wahl gehabt und auch ihre Phantasie nicht besonders angestrengt. Sie spielen ihre Rolle in stillschweigender Übereinkunft mit allen, die aus der Historie der letzten – sagen wir – dreitausend Jahre auftauchen und weitermachen.

Männer sitzen in der Falle. Um eine Antwort zu finden, die ihnen heraushilft, müssen wir vorab verschiedene Dinge klären. Wir sollten endlich den Zusammenhang sehen zwischen den nachfolgenden zehn Konstanten in der Situation des modernen Mannes. Bitte gehen Sie diesen Katalog Punkt für Punkt durch, und überlegen Sie, ob Sie meine Einschätzungen teilen. Wenn ja, kann ich erleichtert fortfahren. Wenn nicht, werde ich im Verlauf meiner Ausführungen versuchen, Sie mit weiteren Beispielen zu überzeugen.

ZEHN KONSTANTEN
IN DER SITUATION DES MODERNEN MANNES:

1. *Der Mann ist zur Aktivität gezwungen und trägt alle Kosten beim Scheitern seiner Aktivitäten.*
2. *Er geht ständig das Risiko ein, von Mädchen und Frauen aus taktischen Gründen zurückgewiesen und verletzt zu werden, und bildet dadurch ein ambivalentes Verhältnis zum anderen Geschlecht aus.*
3. *Männer gelten als das »schuldige« Geschlecht, ihr Schutz wird abgelehnt. Auch für die psychischen Kosten dieser Haltung der Gesellschaft (das sind Männer und Frauen) müssen sie noch selbst aufkommen.*
4. *Männer wollen nur eines, nämlich Frauen gefallen. Wir müssen sehen, wie verletzlich sie dadurch sind, anstatt nur ihren Machismus zu beklagen.*
5. *Wenn Männer ihre Rolle in Frage stellen, nennt man das die »Krise des Mannes«, wenn Frauen ihre Rolle in Frage stellen, nennt man es »Emanzipation« und »Befreiung«. Über diese Unterscheidung muss nachgedacht werden.*
6. *Wenn der Mann Erfolg hat, bekommt er Liebe und Anerkennung, wenn er versagt, ist er ein Nichts. Deshalb verachten wir insgeheim männliche Aussteiger, Arbeitslose und Obdachlose.*
7. *Die Schwäche der Männer ist es, einen Eindruck von Stärke zu hinterlassen, die Stärke der Frauen ist es, einen Eindruck von Schwäche zu hinterlassen – das muss, gerade von Männern, neu gesehen werden.*
8. *Frauen fürchten sexuelle Belästigung. Männer befürchten, zurückgewiesen, getäuscht und ausgenommen zu werden – von Frauen.*
9. *Männer werden sich Frauen immer unterlegen fühlen, mit allen emotionalen Konsequenzen, solange unsere Moralvorstellung – und unser ökonomisches*

Interesse – sie ausschließlich auf die Schönheit der Frauen dressiert.

10. *Männer werden solange Vergewaltigungsphantasien haben, solange wir von den Männern allein die Initiative und Verantwortung erwarten und solange Frauen mit ihrer Anziehungskraft taktieren bzw. für Sex selbstverständlich einen Gegenwert erwarten.*

Soweit mein Katalog männlicher Abhängigkeiten.

Ich bitte die Leserinnen, nicht schon an dieser Stelle zu glauben, wir Männer wollten nur jammern und uns wichtig machen. Und schon gar nicht geht es um einen »Backlash«, also darum, dass »die Männer zurückschlagen«.

Es geht darum, einen Ausweg aus der Misere zu finden. Und dazu gehört, dass wir zunächst einmal jenes Verständnis für Männer aufbringen, das wir jederzeit für Frauen aufbringen. Männer sind nicht von vornherein »das gewalttätige Geschlecht«. Wir wissen doch, wie zärtlich und sehnsüchtig Männer an Frauen und Kindern hängen. Was ist mit ihnen passiert, dass sie heute als das egoistische, gewaltorientierte und dominante Geschlecht abqualifiziert werden können?

Es ist sehr viel passiert. Und Männer sitzen mehr denn je in der Rollenfalle.

Schauen wir uns nun die Sachlage im Überblick an.

Die Krise des Mannes

Männer in Lebensgefahr. Frauen als Lebensgefährtinnen

Es gibt sie, die Krise des Mannes. Ob es sich dabei um eine Dauerkrise handelt oder nur um eine Krise des Mannes am Ende des 20. Jahrhunderts, das werden wir sehen. Jedenfalls ist die Krise da. Und vor allem Frauen bekommen das zu spüren. Sie leiden darunter mindestens ebenso wie die Männer, wenn auch auf ganz andere Art und Weise. Was sie jedoch nicht zu wissen scheinen, ist, dass sie diese Krise – zusammen mit den Männern – jeden Tag miterzeugen.

Das männliche Geschlecht hat sich durch seine aggressive Beschützerrolle immer schon in einer tiefen Krise befunden. Heute wird diese Krise jedoch als solche offensichtlich, und es wird darüber reflektiert. Dabei ist diese Krise durchaus hausgemacht und ließe sich vermeiden. Das wäre zuallererst auch im Interesse der Frauen. Nur wenn Männer über ihre – überholten – Rollenfallen in der Gesellschaft nachzudenken und zum Aussteigen daraus bereit sind, wird diese Krise produktiv gemacht und beendet werden können.

Die Krise des Mannes entsteht dadurch, dass wir seit jeher das männliche Geschlecht für bestimmte Aufgaben sozialisieren – und opfern.

Vor kurzem sah ich in meiner Heimatstadt Frankfurt am Main Aufräumarbeiten nach dem Einsturz eines Hauses. Die Arbeit war lebensgefährlich. Wer räumte unter Lebensgefahr auf? Es waren ausschließlich Männer. Wo und wann retten Frauen freiwillig und unter Lebensgefahr Männer in Not? Die Regel ist: Frauen begeben sich für Männer nicht in Lebensgefahr. Männer immer. Frauen bleiben die Lebensgefährtinnen für Männer in Lebensgefahr. Und Männer gehen ihrer Rolle, ihr Leben bei Unfällen, Katastrophen, im Krieg, bei gefährlichen Arbeiten und bei Gewalt im Alltag bedenkenlos für Frauen und Kinder zu opfern, nach, ohne auch nur darüber nachzudenken.

Es wird behauptet, dies habe mit der größeren Körperkraft von Männern zu tun. Es hat damit absolut nichts zu tun. Nicht mehr in unseren Gesellschaftsformen des ausgehenden 20. Jahrhunderts. Es hat ausschließlich damit zu tun, dass das männliche Geschlecht insgesamt, aus einer unreflektierten Tradition heraus, dafür ausgewählt war und weiterhin dafür abgerichtet ist, für uns alle die »Dreckarbeit« zu machen.

Männer arbeiten dort, wo die Gefahren am größten sind (Baugewerbe, Untertagebergbau usw.), Frauen dort, wo die Sicherheiten am größten sind (Verkauf, Unterricht, Büro usw.). Männer leben in Verantwortung, Frauen geben diese gern ab. Das aber ist ein Relikt früherer Gesellschaftsformen, denen inzwischen jede Basis fehlt. Aber es ist weiterhin so selbstverständlich, dass wir es nicht mehr wahrnehmen. Und vor allem: Es beeinflusst das Geschlechterverhältnis entscheidend. Wer über diese Grundkonstanten nicht nachzudenken bereit ist, kann kaum über das moderne Geschlechterverhältnis sprechen.

Natürlich retten Männer nicht nur, sondern zerstören auch. Wahrgenommen wird jedoch beinahe nur ihre Bereitschaft zu zerstören. Wir nehmen Männer täglich in den Medien wahr als marodierende Horden in Uniform, die Waffen schwingen, nicht aber als Rettungskommandos im ständigen Einsatz, die ihr Leben für andere hingeben. Diese Tatsache betone ich nicht aus engstirniger Rechthaberei, sondern weil das Bild des modernen Mannes auf dem Spiel steht – und der Geschlechterdialog insgesamt.

Mit der Rolle und dem Bild des modernen Mannes steht und fällt auch das Glück der Frauen.

Männer besitzen einen gefährlichen Nachteil: Sie verschwinden schnell hinter ihren Funktionen. Es gibt ganze

Berufsgruppen, die als männliche Berufsgruppen gar nicht mehr wahrgenommen werden. So ist es kein Zufall, dass die 25 miserabelsten Jobs reine Männerjobs sind. In diesen Jobs werden Männer gesamtgesellschaftlich unsichtbar. Ich meine unter anderem die Männer im Untertagebau, auf allen Baustellen, beim Straßen- und Schienenbau, bei der Stadtreinigung, in den Kanalisationsabwässern und bei der Abfallentsorgung, bei der Waldarbeit und bei Schwertransporten, die Müllmänner für giftigen Sondermüll, Männer an automatisierten Produktionsfließbändern, in Schlachthöfen, in Chemiefabriken und Atomkraftwerken, die Liquidatoren in verseuchten Gebieten, die Feuerwehrleute und Bergungsmannschaften, die Soldaten im tödlichen Einsatz.

Diese Männer bleiben irgendwie unsichtbar. Wir sehen und hören sie zwar jeden Tag und wissen, dass sie da sind. Aber sie schaffen es nicht, unser Interesse zu erringen. Und Dankbarkeit für ihre Arbeit bringen wir ihnen schon gar nicht entgegen.

Täglich kommen in Deutschland ungefähr so viele Männer am Arbeitsplatz um wie Männer an einem durchschnittlichen Tag im letzten Balkankrieg, als dieser noch im vollen Gang war. 92 Prozent aller Berufsunfälle erleiden Männer – ist es wirklich zynisch, alle fortschrittlichen Frauen einzuladen, sich nicht nur für die Chefetagen, sondern auch für diese Berufe zu emanzipieren?

Männer sind darauf dressiert, ihren Einberufungsbefehl zu empfangen, der ihnen deutlich macht, dass ihr Körper ihnen nicht gehört. Er gehört Frauen, Kindern, der Familie, dem Militär, dem Staat. So gibt es drei männerspezifische Einberufungen: 1) zu den Kriegen, 2) als unbezahlte Leibwächter der Frauen, 3) zu allen gefährlichen Berufen.

Die psychologische »Einberufung« dafür fängt bereits in der Erziehung an. Denn das höchste Erziehungsideal für einen Jungen ist nicht sein Selbstwertgefühl, das ihn als Individuum stark macht. Sondern das Gegenteil: Er soll das Gattungs-Dogma lernen, nämlich »seinen Mann zu stehen« – für andere. Auf seine individuelle Befähigung für diesen dramatischen, oft tödlichen Job wird keine Rücksicht genommen. Eine Lebensdisposition, die unter diesen Vorzeichen anfängt, sollte sich jeder einmal klarmachen.

Männer gelten als »das robuste Geschlecht«, und sie verhalten sich auch so. Aber sie sind es nicht von Natur. Sie werden dazu gemacht und dahin gebracht. Es wird von ihnen erwartet – auch von Frauen, die Verantwortung gern abschieben. Also verhalten sich Männer dementsprechend – wir lassen ihnen gar keine andere Wahl. So schaufeln Männer uns allen und vor allem den Frauen den Dreck aus deren Territorium, damit diese in Ruhe ihre hochgelobten Eigenschaften entwickeln können, das liebevolle, sensible, nicht-aggressive, sanfte, verständnisvolle Geschlecht zu sein. Die physischen und psychischen Kosten für diese Knochenarbeit werfen anschließend Frauen den Männern vor.

Kurz gesagt: Wir dürfen Männer nicht länger so sozialisieren, dass sie allein für uns die Beseitigung der Gefahren – und im Extremfall auch das Töten – übernehmen. Denn das zwingt sie natürlich, gewaltbereit zu sein. Und es macht sie wenig liebenswert. Wir opfern sie – jedes Individuum ohne Ansehen seiner spezifischen Fähigkeiten und Wünsche – für diese Aufgaben. Das muss aufhören. Männer müssen endlich Herr ihrer selbst werden. Wir dürfen sie nicht länger unhinterfragt in die Rolle der Beschützer und Retter drängen, von der sie dann ein Leben lang beherrscht werden.

Ich habe bei den Recherchen zu diesem Buch viele Mänenr befragt. Die meisten sagen heute: Ich möchte keiner Frau mehr die Kastanien aus dem Feuer holen. Ich möchte gern eine gleichberechtigte Partnerin, die darunter auch Gleichverpflichtung versteht. Die also beispielsweise unter Emanzipation nicht nur eine Kommandosache versteht, sondern auch die Übernahme unangenehmer Pflichten. Die nicht nur in Führungspositionen will, sondern auch zur gefährlichen Arbeit, zur unbequemen Arbeit, zur chancenlosen Arbeit, zu den Todesberufen. In die Lebensgefahr.

Lebensgefahr, Lebensgefährtin – eine Chiffre für die weiterhin bestehende Situation von Männern und Frauen, trotz 30 Jahren Frauenbewegung und Emanzipation?

Mir scheint es so.

Denn die heutige Situation verteilt alle Risiken einseitig zum Nachteil für Männer und zum Vorteil für Frauen. Wenn Frauen wirklich ernsthaft daran interessiert sind, dass Männer sich verändern, damit sie glücklich und zufrieden mit Frauen zusammenleben können – und daran zweifle ich keinen Augenblick –, dann werden sie nicht umhin können, sich mit dieser Wahrheit auseinanderzusetzen. Die genannte Chiffre, nach der die Geschlechter bis heute ausschließlich leben, die Chiffre für den Geschlechterkampf also, muss verändert werden. Dann erst beginnt ein Dialog, der zur Emanzipation führt. Für beide Geschlechter.

Männerängste

Man kann über die Krise des modernen Mannes unterschiedlich denken und sie auch unterschiedlich darstellen. Man kann sich darüber lustig machen, sich mokieren, darauf wütend oder auch hämisch reagieren. Das ist erstens eine Temperamentsfrage, zweitens eine stilistische Frage, drittens eine Frage der Perspektive. Will man jedoch etwas verändern, dann bleibt nur die ernsthafte Beschäftigung mit einigen Grundlagen des Geschlechterverhältnisses.

Vor einiger Zeit war ich bei einer Live-Talkshow im Fernsehen eingeladen. Es ging um Männerängste. Außer mir sprachen noch ein junger Satiriker und eine »Powerfrau« zum Thema. Der Moderator, das war schnell klar, war nur an ein paar pointierten Witzen interessiert, die seine Sendung »lebendig« machten. Am Ende, wie es im Fernsehen üblich ist, wurde beklagt, dass man wieder einmal ein Thema nicht hatte erschöpfend behandeln können. Die Zuschauer wurden vertröstet auf die nächsten Talk-Shows. Aber die gute halbe Stunde, die wir Zeit hatten, wurde damit vertändelt herumzureden. Der Satiriker war der Mann der Stunde. Er redete unentwegt von Situationen, in denen Männer ein Kondom verpasst bekommen, das zwar der »Euro-Norm« entspricht, sich dann aber als viel zu groß herausstellt. Dies war in seinen Augen die Grundsituation aller Männerängste.

Sicher, auch auf solche Weise kann man über Männerängste reden. Da die Zeitungen aber voll sind mit Sensationsmeldungen über Amokläufe aus Liebe, über Hass, Gewalt und Tränen im Geschlechterverhältnis, über Frauenhäuser und Gefängnisse, liegt es auf der Hand, dass das Thema verdient, gründlicher angegangen zu werden.

Denn es geht nicht mehr nur um das heitere Spiel zwischen Superweibern und Klassekerlen, um den fröhlich-hedonistischen Reigen und den Spaß beim Sex. Es geht auch um die zunehmende Unfähigkeit von Männern und Frauen, miteinander auszukommen. Anders gesagt: um die öko-emotionale Verseuchung im mitmenschlichen Klima, also um den drohenden *Gau der Geschlechter*. Das hört sich dramatisch an. Und das ist es auch.

Seit genau dreißig Jahren versuchen Frauen, Gleichberechtigung einzuklagen, und wir haben ihnen aufmerksam zugehört. Zuerst schief grinsend über ihre seltsamen Thesen, dann lernbereit, offen und verständnisvoll, schließlich engagiert für ihre Sache. Wir alle waren »Feministen«, und die meisten sind es aus tiefer Überzeugung immer noch. Heute scheint das ehemalige Gleichberechtigungsprogramm der Frauen jedoch eher einer Anleitung zur Ausschaltung von Männern gewichen zu sein, also einem Anti-Männer-Sexismus. Deshalb ist es an der Zeit, nun Männern zuzuhören, die über ihre eigenen Tugenden und Ängste nachdenken und die darstellen wollen, warum sie eigentlich so sind, wie sie sind.

Männer haben sich unter dem Druck der Verhältnisse mundtot machen lassen. Sie reden nicht mehr. Deshalb hören wir heute beinahe nurmehr den Frauen zu, die glücklicherweise ihre Interessen zu artikulieren und durchzusetzen gelernt haben. Frauen sind, Untersuchungen zufolge, ohnehin das sprachkompetentere Geschlecht.

Männer gehen heutzutage – offensichtlich zusammen mit den Frauen – davon aus, dass sie das minderwertige Geschlecht sind: das Vergewaltiger-Geschlecht. Das Geschlecht, das die Umwelt zerstört und Kriege führt. Das penetrierende Geschlecht. Männer halten sich heute selbst für einen Defekt der Natur.

Sie tun das in Übereinstimmung mit einem Gutteil der Frauen, und diese nutzen das aus. Aber diese Frauen (und diese Männer) sollten darüber nachdenken, ob eine solche Einschätzung wirklich recht ist oder von Nutzen. Denn so wird es keinen Dialog der Geschlechter geben – den Frauen andererseits mit Recht bei den Männern einklagen, die sich weiterhin in dumpfes Schweigen hüllen. Weil sie nicht mehr wissen, wer sie eigentlich sind.

Ich widerspreche hiermit der heute vorherrschenden Ansicht, dass unsere Gesellschaft eine von Männern gemachte und von Männern dominierte Gesellschaft sei – und ich glaube, dafür ausreichende Beweise zu haben. Der simplifizierende Glaube, dass Männer die Regeln aufstellen und dass diese Regeln Frauen unterdrücken und Männer bevorteilen, ist in meinen Augen falsch. Er ist desto falscher, je lautstärker er heutzutage verkündet wird. Und ich möchte vor allem die Leserinnen bitten, mir bei dieser Einschätzung eine Weile zu folgen.

Diejenigen mutigen und selbstkritischen Leserinnen, denen, die wollen, dass Männer und Frauen in Zukunft glücklicher miteinander leben können, möchte ich etwas sagen, das der landläufigen Auffassung von starken Männern und schwachen Frauen entgegensteht. Das zudem der Vorstellung entgegensteht, Männer würden in der Jugend dazu erzogen, über Frauen zu herrschen, und Frauen müßten sich dieser Tatsache ein Leben lang fügen. Nein, so ist es nicht. Es ist gänzlich anders.

Es ist auf eine Weise anders, die viel von den Missverständnissen erklärt, mit denen Frauen und Männer sich gegenseitig interpretieren.

Die landläufige Vorstellung ist die, dass nur Mädchen durch die elterliche Erziehung auf ihre Frauenrolle getrimmt werden und die Last aller Frauenrollen der Vergangenheit auf ihren Schultern lastet (»Man kommt nicht als Frau zur Welt, man wird es«, Simone de Beauvoir). Auch Jungen werden selbstverständlich auf ihre Männerrolle getrimmt und tragen die Last der vergangenen Männerrollen. Und diese Last scheint mir weitaus schwerer und auch unangenehmer zu sein, weil sie jeden Mann zum Handeln wider seine individuellen Interessen zwingt.

Die weibliche Vorstellung, dass die Erziehung zum Mann deshalb »positiv verlaufe«, weil sie eine Erziehung zur Macht über Frauen sei, ist falsch. Frauen können sich nicht vorstellen, wie sehr Jungen darunter leiden, zu Männern erzogen zu werden. Frauen haben das Leiden, die Unzufriedenheit für sich gepachtet.

Hierzu eine Anmerkung: Die Selbstmordrate bei Mädchen in dem Alter, in dem ihre Geschlechtsrolle geprägt wird, also in Pubertät und Nachpubertät, ändert sich, statistisch ausgedrückt, im Vergleich zum Alter davor überhaupt nicht. Bei Jungen jedoch schnellt sie um das Vierfache in die Höhe.

Ist die Tatsache, dass Jungen beim Herausbilden ihrer Geschlechts-Identität viermal häufiger als Mädchen Selbstmord begehen, etwa ein Ausdruck ihrer Erziehung zu einem selbständigen Leben? Bewirkt das die Aussicht auf ein Leben in Macht und mit Einfluss, mit spielerischem Sex, ergiebiger Erotik und beliebig verfügbaren Frauen?

Wohl kaum. Männer machen schon als Jungen die Erfahrung, vor einer geschlossenen Tür zu stehen, und die Mädchen besitzen den Schlüssel zu dieser Tür. Ob sie ihn stecken lassen oder benutzen werden, um die Tür zu öffnen und gemeinsam hindurchzugehen, dies bleibt ihrer Lust und Laune überlassen.

In dieser Grundsituation des Geschlechterverhältnisses entsteht ein traumatisches Misstrauen des Jungen – er macht die Erfahrung, es als machtloser junger Mann mit »mächtigen« Mädchen und Frauen zu tun zu haben, die über seine Identität, seine sexuelle Identität, über sein Glück verfügen. Leider geschieht hier auch eine erste Beschädigung dieser sexuellen Identität, die sich später gewalttätig äußern kann. Oder wie es die Psychotherapeutin Eva Julia Fischkurt ausdrückt: »Das Selbstwertgefühl des Mannes ist in der Beziehung zur Frau ganz besonders empfindlich. Die Wurzeln liegen in der Kindheitsentwicklung, in der jeder Mann auf Gedeih und Verderb allen möglichen Formen weiblicher Machtausübung ausgeliefert war.« *(Wenn Frauen nicht mehr lieben)*

Alle männlichen Perversionen, von denen uns die Psychotherapeuten berichten, drehen sich um das kindliche männliche Sexualerleben und seine Traumata. In der Pubertät dann erreichen diese Traumata eine neue Dimension.

Wenn dem so ist, müssen wir uns dann nicht ernsthaft Gedanken darüber machen?

Die Sehnsucht von jungen Männern zielt auf Zärtlichkeit, Vertrauen, Intimität, und sie werden diese Sehnsucht nur aufgeben – und beispielsweise in »männliche« Schutzzonen fliehen, wo gefühlloses Verhalten verlangt wird, wie beim militärischen Drill oder Kampfsport –, wenn sie Erfahrungen mit Zurückweisungen und taktischem Geplänkel von Frauen gemacht haben. Das verkraften sie oft genug eben nicht.

Dass diese Gefahr besteht, weiß jeder Mann. Jeder hat damit Erfahrungen gemacht. Aber wissen das auch die Frauen? Ich glaube nicht.

Viele Mädchen und junge Frauen können mit der Sehnsucht von Jungen und jungen Männern schlecht umgehen. Sie haben es nicht gelernt, auf diese Bedürfnisse zu achten. Ja, sie haben es nicht einmal gelernt, selbstlos zu lieben. Oft blind vor narzistischer Eitelkeit, verweigern sie sich den Signalen der männlichen Zuneigung. Und das ist die Schuld der Mütter (und auch Väter), die längst überholte geschlechtsspezifische Rollenzuweisungen im aggressiven eigenen Interesse – auch deshalb, weil sie es selbst nicht anders lernten – endlos weiter praktizieren.

Jungen werden auf die Schönheit und den Sex der Mädchen dressiert wie apportierende Hunde. Und wenn sie nicht bekommen, was sie brauchen, reagieren sie wie Suchtabhängige. Im Junkie-Wahn holen sie sich später oft panisch und gewaltsam, was sie brauchen. Jungen müssen die Aktiven sein, Mädchen werden angehalten, ihnen das Geschäft mit dem »schmutzigen« Sex zu überlassen und nur zu reagieren – möglichst abweisend. Die Folge ist ein Rollenspiel von Anfang an, bei dem die Jungen und jungen Männer von unsicheren Mädchen, die zunächst durchaus positive Signale aussendeten, entrüstet zurückgewiesen und in ihrem Selbstwertgefühl tief verletzt werden. Das prägt ihr negatives Bild vom anderen Geschlecht auf dramatische und auf traumatische Weise.

Die jungen Männer fühlen sich machtlos. Und das bleiben sie auch ihr Leben lang. Da sie jedoch darauf gedrillt werden, das Heft in die Hand zu nehmen, geraten sie schnell in einen Widerspruch, den sie nur aggressiv auflösen können. Und sie setzen alles daran, ihn aufzulösen: durch gewalttätige Gedanken, domestizierte Gefühle und machtvolles Gehabe. Ein solches Problem der Externalisierung ist jedem Psychologen vertraut.

So werden Jungen und junge Männer jedoch zu *Opfern* der Verhältnisse. Sie werden als diejenigen geopfert, die zur Sache kommen müssen und gleichzeitig allein die Verantwortung für den Ausgang dieser Sache tragen. Beim Scheitern der Begegnung müssen sie die Kosten übernehmen, denn sie waren ja die Verantwortlichen.

Aber in bestimmter Hinsicht werden oft auch die Mädchen und jungen Frauen zu Opfern. Denn sie haben kaum Chancen zu lernen, sich für den gesellschaftlich wirklich entscheidenden Kreislauf verantwortlich zu fühlen: für die Kommunikation zwischen den Geschlechtern, auch für die erotische Kommunikation. Sie werden – emphatisch ausgedrückt – als Sexobjekte für den Beziehungs- und Versorgungsmarkt bereitgehalten. Infolgedessen fühlen sie nichts. Und sie sind nicht verantwortlich. Die Erziehung bläut ihnen ein, sich bewundern und bezahlen zu lassen, ihren Narzissmus zu pflegen und ihren Preis hochzutreiben. Auf solche Weise aber gerät der Dialog zwischen den Geschlechtern von Anfang an heillos durcheinander.

Eigentlich haben jeder Mann oder jede Frau damit schon so ihre Erfahrungen gemacht. Aber jeder verharmlost es. Männer fühlen sich später zwar einsam, machen daraus jedoch nur Truckersongs. Sie wissen, dass sie ein schweres Standortproblem haben, weil die Frauen sie allein lassen. Frauen haben mit sich genug zu tun, und diese Erfahrung macht Männer unglücklich. Aber es macht sie auch glücklich, diese Erfahrung verdrängen zu können. Anders haben sie es nicht gelernt.

Und die Frauen: Sie muten den Männern selbstverständlich die Folgekosten des frühen Geschlechterverhältnisses zu, weil sie die Männer für das aktive und zum Erfolg verdammte Geschlecht halten. So haben sie es von den Müttern (und auch von den Vätern) gelernt, das glauben sie, ohne darüber nachzudenken. Sie brauchen den aktiven, den zum Erfolg verdammten Mann, weil sie selbst zur passiven, zur unverantwortlichen Frau erzogen worden sind.

Was folgt daraus für die Männer? Sie lassen ihre Muskeln spielen, werden Soldaten, Spitzensportler und Großverdiener, ihre Interessen zielen auf Geld, nicht auf Gefühle (mit Geld kaufen sie Gefühle – von Frauen), und sie nehmen Frauen gegenüber die insgeheim verächtliche Haltung von Einsatzleitern ein. Wenn Frauen später genau diese männliche Haltung in der Liebe beklagen, ist es zu spät. Und es ist zugleich ungerecht, denn die jungen Mädchen und Frauen haben diese Haltung mit hervorgebracht.

Frauen sind insofern Opfer dieser Erziehungsverhältnisse – die übrigens keineswegs der Vergangenheit heutiger Erwachsener angehören, sondern trotz hoffnungsvoller Ansätze in der jungen Generation normativ wie eh und je sind –, weil sie nicht zu sich kommen. Sie nehmen nicht Besitz von ihrem seelischen, geistigen, charakterlichen Zentrum. Sie bleiben passiv, berechnende Prinzessinnen und ewig kleine Mädchen, wollen beschenkt und beschützt werden und werden ihr Leben lang die feste Überzeugung nicht los, Männer schuldeten ihnen etwas.

Man kann sich darüber intellektuell lustig machen. Oder darüber hinweggehen. Frustriert weitermachen. Resignieren. Sich seinen Teil denken.

Aber was daraus folgt, ist entscheidend. Nämlich: Dass viele Frauen es bisher nicht gelernt haben, ihren eigenen Anteil am Gang der Dinge zu sehen. Sie wundern sich ein Leben lang, dass die Männer-Welt ihnen so gegenübertritt – feindselig und gewalttätig. Dass ein solches männliches Verhalten meist nur eine Reaktion auf das beschriebene Frauenverhalten ist, weil die taktisch bedingte Verweigerung von Frauen in allen denkbar falschen Momenten, also ihre Manipulation der Männer, den erotischen und kommunikativen Kreislauf aus dem Gleichgewicht brachte, das verstehen sie nicht. Sie fühlen sich unschuldig an allem.

Männer sollten Frauen dies nicht vorwerfen. Denn freiwillig ausgesucht haben sich die Frauen ein solches Verhalten nicht. Ja, zunehmend leiden sie selbst darunter und wollen es verändern. Aber sie praktizieren oft genug das genannte überholte Verhalten. Und entscheidend ist dabei: Es prägt auf dramatische Weise die latente Frauenverachtung der Männer.

Eine feministische, und deshalb unverdächtige Autorin wie Germaine Greer spricht gar von »Frauenhass«. Und benennt die Ursache: »Die unumschränkte Herrschaft der weiblichen Stereotype ist der einzige wichtige Faktor im männlichen und weiblichen Frauenhass.« *(Der weibliche Eunuch. Aufruf zur Befreiung der Frau)*

Diese Frauenverachtung ist überall spürbar – und im gleichen Maße wird sie entrüstet zurückgewiesen. Frauenverachtung ist tabu – und wird doch überall ausgelebt, versteckt oder offen.

Deshalb muss es vor allem im Interesse der Frauen sein, den Gründen solcher Verachtung nachzugehen, auch wenn das die eigene Rolle, die Vorherrschaft der »weiblichen Stereotype«, schmerzhaft in Frage stellt und die daraus bisher resultierenden Vorteile einschränkt.

Nur wenn die klammheimliche Frauenverachtung aufhört, kann sich der Umgang der Geschlechter entspannen. Dazu sind zwei Voraussetzungen notwendig: Die Frauen müssen ihr passiv-taktisches Verhalten gegenüber Männern ändern. Und die Gesellschaft muss insgesamt aufhören, das männliche Geschlecht für bestimmte Aufgaben auszusortieren.

Das aussortierte Geschlecht

Legen wir die Finger auf die Wunden: Männer sind gesetzlich zum Dienst mit der Waffe verpflichtet. Sie werden also per Gesetz gezwungen, Mörder oder Selbstmörder zu werden. Das begreifen sie schon in der Jugend. Es hängt wie ein Damoklesschwert über ihren Köpfen. Ihr Leben läuft auf den Tag hin, an dem sie eingezogen werden. Wenn sie sich dagegen wehren, gelten sie in der Gesellschaft nach wie vor als Schwächlinge. Sie können verweigern – aber nicht alle, sonst würde die Gesellschaft mit Sicherheit neue Mittel und Wege finden, um sie zu zwingen. Und wer ist das: die Gesellschaft? Männer und Frauen.

Junge Männer machen also schon früh die Erfahrung, dass sie für andere die Kohlen aus dem Feuer holen müssen. Sicher werden sie sich deshalb für etwas Besonderes halten. Aber ob dies für sie etwas besonders Gutes oder etwas besonders Schlechtes ist, danach fragt man sie nicht.

Frauen sehen in der Tatsache, dass Männer zum Waffendienst (oder zu allen möglichen Ersatzdiensten) gerufen werden und dann auch die Waffen ergreifen und Krieg führen, nur einen Ausdruck von Männermacht. Sie behaupten, wenn es keine Männer gäbe, dann gäbe es keine Kriege.

Das ist zunächst einmal nur eine bloße, weil unbeweisbare Behauptung. Aber diese Behauptung ist schon von ihren Voraussetzungen her falsch. Denn hinter jedem Soldaten stehen die Mütter und Mädchen, die mit ihren Erwartungen den Soldaten zu dem gemacht haben, was er ist. Außerdem haben die Männer gar keine Wahl. Es ist egal, ob sie von ihrer psychischen Grundstruktur her potentielle Gewalttäter sind, sanfte, freundliche Menschen oder gar überzeugte Pazifisten. Sie erhalten den Einberufungsbefehl und müssen auf die eine oder andere Weise gehorchen. Niemand fragt sie, ob sie wollen oder nicht.

Unter diesem Diktat steht das Leben von Männern. Und das heißt: ihre Erziehung. Was das für die Psyche des männlichen Individuums und des männlichen Gesamtgeschlechts bedeutet, das hat noch niemand untersucht.

Darüber hinaus wage ich ernsthaft zu bezweifeln, ob Frauen wirklich verstimmt darüber sind, dass man ihnen das Geschäft mit der Gewalt abnimmt. Denn dieses Geschäft ist nichts weiter als unangenehm und führt in erster Linie nicht zu Tätern, sondern zu Opfern. Frauen sind realistisch und human genug, das zu erkennen.

Des weiteren muss man befürchten, dass Frauen eher die Sieger lieben. Die Geschichte ist voll von Ereignissen und Bildern, in denen Frauen sich an den Mächtigen, an den Gewalttätigen, an den Führern und Paradegäulen der Historie orientierten. Sie liebten die Aura der Stärke, die sie als »männlich« definierten. Frauen sind schwach, sie fordern Stärke von den anderen, den Männern. Finden Frauen Stärke nicht sogar erotisch? Vor beinahe allen Kriegen wurden Männer von Frauen verspottet, die »Angst« davor hatten, »zu kämpfen«.

Was den Männern in dieser Angelegenheit allerdings vorzuhalten ist, das betrifft die Überlegung, warum sie das Auswahlverfahren zu ihrem Nachteil dulden. Spricht der Dienst mit der Waffe nicht doch etwas in ihrem Inneren an, das sie für den Aufbau ihrer Persönlichkeit dringend brauchen? Sind Männer von Natur aus gewalttätig und machtorientiert? Brauchen sie etwa Schusswaffen als Extrapolation ihrer Potenz?

Immer noch werden Männlichkeit und Kampfbereitschaft gleichgesetzt, vor allem von Männern. In Phantasieproduktionen, die das herrschende Klima spiegeln, kommt das zum Ausdruck. In dem Film »Haunted – Haus der Geister« etwa von 1995 sagt ein Protagonist: »Wissen Sie, ich habe starke Männer gekannt. Männer, die einen Krieg überlebt haben.« Wer im Krieg »fällt«, war schwach (und ist deshalb verdientermaßen gestorben).

Die oben gestellte Frage ist solange nicht zu beantworten, wie wir Männern keine Chance geben, Alternativen zu leben. Diese Chance hatten sie, abgesehen von einigen Beispielen in den frühen 70er Jahren dieses Jahrhunderts, nie. Jahrtausendelang zwang man sie zum Kriegsdienst. Diese Verpflichtung haben Männer in ihrem »genetischen Gedächtnis« so verinnerlicht, dass sie das vorgebliche Privileg, zu töten und getötet zu werden, nicht als das durchschauen, was es eigentlich ist: Sklaverei für Frauen, Kinder, Militär und Staat.

Erst wenn Frauen nicht nur als Bodenpersonal in Uniform, sondern auch zu Kampfeinsätzen verpflichtet werden würden, könnten Männer vielleicht entscheiden, ob sie an die Front wollen, oder nicht. Offenbar erst dann, wenn auch Frauen in Uniform im Krieg verletzt, verstümmelt oder getötet werden, werden wir alle begreifen, wie furchtbar der Kriegsdienst wirklich war und ist und was er bei den Benachteiligten anrichtet. Dann können wir aufhören, Männer als Futter für Kriege nur deshalb auszusortieren, weil sie einem bestimmten Geschlecht angehören.

Ein so gearteter Sexismus muss aufhören. Oder wir beenden sofort alle Kriege.

Wir sollten uns an den Gedanken gewöhnen, dass Männer in unseren heutigen Leistungsgesellschaften so gut wie gar nicht für sich bestimmen können, was sie tun wollen. Sie machen die Erfahrung, dass ihnen weder ihr Körper noch ihr zukünftiger Werdegang wirklich gehören. Mit ihrer Geburt werden sie eine Nummer in der Statistik der Wehrbeauftragten und der Moralisten, der Familienideologen – und der Frauen. Wenn ihnen das einmal klar wird, erschrecken sie kurz und strengen sich dann ganz furchtbar an, das ihnen übergestülpte Programm auch auszufüllen. Denn sie wissen ganz genau, sie können sich – unter Beibehaltung ihrer Integrität und ihres Ansehens – nicht wirklich dagegen wehren. Nur wenn es denn sein muss, dann wenigstens mit Schmackes. Lamentieren hilft nichts. Augen zu und durch.

Die Folgen einer solchen Berserkerhaltung, an deren Voraussetzungen Frauen wie Männer mitgewirkt haben, werfen wir dann lediglich den Männern vor. Männer sind das gewalttätige Geschlecht.

Zum Druck der genannten Aussicht auf Einberufung zum Waffen- und Kriegsdienst gesellt sich für heranwachsende junge Männer noch die Aussicht auf ein Leben im Dienst und zum Schutz von Frauen und Kindern. »Frauen und Kinder zuerst!« heißt es, wenn die Überlebenden bei einer Katastrophe gerettet werden müssen. Männer sollen erst danach gerettet werden. Sind sie also die zweite Wahl? Wer sich als Mann aus schierer Todesangst vordrängeln würde, verlöre sein Ansehen für immer – bei Männern und bei Frauen.

Interessant ist in diesem Zusammenhang eine Statistik, die im vergangenen Jahr anlässlich der Kinopremiere des Mega-Films »Titanic« veröffentlicht wurde. Sie bezieht sich auf den Untergang des Luxusliners. Der Regisseur des Films, James Cameron, schrieb dazu. »Aus der Analyse der Personen, die auf der Titanic überlebten oder starben, ergeben sich bestürzende Fakten. Als männlicher Passagier auf dem Zwischendeck betrug die Überlebenschance 1 : 10. In der Ersten Klasse betrugen die Chancen 50 : 50, und als Frau hatte man in der Ersten Klasse sogar eine fast hundertprozentige Überlebenschance. In der Dritten Klasse überlebten dagegen nur 25 Prozent der Frauen, aber sämtliche Männer starben, wie auch alle Männer im Maschinenraum. Kurzum:

Das Überleben hing vom Geschlecht und von der Passagierklasse ab. Auf der Titanic entsprach beides dem Wert des Menschen.«

Zurück aufs Trockene und in unsere Gegenwart: Heranwachsende junge Männer ganz allgemein, besonders aber die von nichtprivilegierten Schichten, begreifen schnell – durch allgemeine Aussagen der Gesellschaft und durch das besondere Verhalten der Mädchen in ihrer Umgebung –, dass sie etwas bieten müssen, um die Chance zum Kontakt mit dem ersehnten anderen Geschlecht zu bekommen. Es genügt zwar, ein Mädchen zu sein, um hofiert, begehrt und geliebt zu werden. Aber es genügt nicht, ein Junge zu sein. Etwas muss dazukommen. Was?

Jungen müssen sich die Zuneigung, die sie als soziale, menschliche Individuen ebenso ersehnen und brauchen wie Mädchen, erst verdienen. Es ist so, als seien sie weniger wert. Jungen müssen Leistung bringen. Erst dann wird – von Mädchen und Frauen – darüber entschieden, ob sie es wert sind, hofiert, begehrt und geliebt zu werden. Diese frühe Erfahrung mit dem anderen Geschlecht macht jeder Junge schon in der Zeit, in der er große Mühe hat, sich und seine Sexualität überhaupt zu verstehen. Es prägt seine Haltung gegenüber den Frauen – und vor allem auch sich selbst gegenüber.

Daraus folgt: Es gibt von Anfang an zwischen den Geschlechtern keine Gleichberechtigung. Männer werden benachteiligt. Sie glauben mir nicht? Hier sind einige weitere Begründungen.

Zu den bereits genannten Einberufungsbefehlen kommt ein anderer Zwang hinzu, den Männer schon als Jungen spüren und erfahren, wenn es darum geht, auch nur die flüchtige Aufmerksamkeit eines Mädchens zu erlangen. Es ist der Zahlzwang.

Auch wenn so manche Frau heute darauf beharrt und selbstbewusst immer wieder darauf hinweist, für sich zu zahlen, es bleibt dabei. Der Zahlzwang entspricht der männlichen Rolle. Und bevor Männer wirklich zahlen müssen, ist ihnen dieser Zwang in die Köpfe schon so eingehämmert, dass er ihren psychischen Leistungsdruck automatisch verstärkt. Deshalb achten Männer immer darauf, mehr zu verdienen, denn sie wissen ja, sie müssen auch mehr ausgeben. Im Ernstfall ist kaum eine Frau da, die sie unterhalten wird.

Die Instinkte der letzten Jahrtausende gesellschaftlicher Entwicklung funktionieren gut: Männer müssen Frauen beschützen. Dass einzelne Frauen sich aus diesem Schutz befreien, ändert nichts an diesem Gattungsverhalten. Auf beiden Seiten bleibt alles beim Alten.

Jeder kennt die aktuelle Situation. Bei Verabredungen zahlen Männer. Und selbst wenn aufgeklärte Frauen ihren Anteil freiwillig übernehmen wollen, zucken die Hände von Männern als erste zur Brieftasche. Sicher kommt es vor, dass Frauen vorschlagen, die Hälfte - ihre Hälfte - zu übernehmen. Das gilt schon als fortgeschritten. Aber wird eine Frau auch einmal den Teil des Mannes freiwillig übernehmen? Vielleicht gibt es hier und da eine Ausnahme. Die Regel ist und bleibt: Für das Zahlen sind die Männer zuständig. Damit begleichen sie die Gunst der Frauen, sich überhaupt mit ihnen eingelassen zu haben.

Das Bezahlen im Restaurant ist nur ein kleiner Teil des Zahlzwanges, dem Männer fortgesetzt ausgeliefert sind. Sie zahlen für die Rente ihrer nicht berufstätigen Ehefrau. Sie zahlen für die Kinder – vor und nach der Scheidung. Sie zahlen nach der Scheidung für die Unterkunft der Restfamilie. Sie zahlen nach der Scheidung für den Unterhalt der Frau mit Kindern. Sie zahlen von vornherein höhere Steuern für die Restgesellschaft. Und – damit sich der Kreislauf schließt – sie zahlen, um eine neue Frau kennenzulernen, erneut im Restaurant, im Urlaub, beim Juwelier, in der Boutique oder anderswo. Man nennt das Geschenkemachen, kleine Aufmerksamkeiten oder auch Kavaliersverhalten. Es ist der Zahlzwang für Männer, dem sie nachgehen müssen, um von Frauen geliebt oder auch nur angesehen zu werden.

Wenige Frauen kamen bisher auf den Gedanken, einmal auszuprobieren, wie erleichternd für ein beginnendes Liebesverhältnis es sich auswirken kann, wenn sie ihren zukünftigen Mann von Anfang an, freiwillig, von seinem Zahlzwang entlasten.

Was in allen früheren Jahrtausenden – bei notwendiger Rollentrennung in Gesellschaftsformen, die nur das Überleben zu sichern hatten – einmal Sinn machte, ist heute ein groteskes Überbleibsel, dem jeder Sinn fehlt. Es ist der vom Instinkt beherrschte Alltag, dem Männer nachgeben, auch wenn ein Unlustgefühl bleibt, und dem Frauen nachgeben, auch wenn ihr Emanzipationsanspruch dabei auf der Strecke bleibt.

Um noch einmal daran zu erinnern, worum es geht: um männliche Rollenfallen. Männer müssen erkennen, in welchen Fallen sie gefangen sind. Und auch Frauen müssen dies erkennen, wenn sie endlich an der Seite von Männern leben wollen, die erträglicher sind als die, die sie heute schon haben. Und das wäre wirklich erstrebenswert, sind doch unsere heutigen Männer weitgehend wenig attraktiv und besitzen unangenehme Eigenschaften.

Hinzu kommt die Erkenntnis, dass einzelne Frauen, die aus dem Rollenschema herausfallen, noch keine Veränderung bringen. Solange Frauen – und Männer – als Gattung bei ihrem alten Verhalten bleiben, ändert sich überhaupt nichts. Im Gegenteil: Dann werden die vereinzelten Ausbruchsversuche von Frauen – und Männern – um so argwöhnischer beobachtet und um so bedrohlicher empfunden werden. Zum alten Rollenzwang kommt dann nur die unkonventionelle Verpflichtung für neue Aufgaben hinzu und verstärkt zumindest das unglückliche Bewusstsein über die alten und die neuen Zwänge.

Entscheidend bleibt in jedem Fall die tiefsitzende psychische Disposition von Männern und Frauen: die Rollendressur.

Seien wir ehrlich: Wenn die Rollenfallen, in denen Männer sitzen, ihnen von vornherein das Gefühl vermitteln, mehr leisten zu müssen, um die Liebe und Anerkennung der Frauen zu bekommen, ist das dann das Gefühl von Macht? Nein, es ist das Gefühl von Machtlosigkeit. Da dieses Gefühl jedoch ihrem offiziellen Rollenbild widerspricht, versuchen sie, es durch machtvolle Gesten zu verdrängen. Aber tief drinnen wissen Männer genau, dass es die Frauen sind, die Macht haben, jedenfalls die psychische Macht – und das ist in meiner Sicht die eigentliche. Denn dazu gehören auch die erotische und sexuelle Macht, die Beziehungsmacht, die Macht durch soziale Aktivität, die auratische und glamouröse Macht, die Klimatisierungsmacht in der Familie – und nicht zuletzt die beinahe grenzenlose Muttermacht.

Es entspricht einer weiteren Rollenfalle für Männer, dass sie in der Vergangenheit zwar über die »Befreiung« der Frau nachgedacht haben, aber nicht über ihre eigene Befreiung. Männer sind – entgegen der Ansicht von Feministinnen – nicht dazu erzogen, über eigene Vorteile nachzudenken. Sie sind dazu erzogen, Frauen und Kinder zu beschützen und über deren Weiterkommen nachzudenken. Sich selbst halten sie für das Zulieferergeschlecht. Deshalb dachten und denken sie nicht darüber nach, ob sie in ihren Rollen unglücklich waren oder sie gar verändern wollen. Eine solche Überlegung hätten sie selbst als »Feigheit« und »Versagen« empfunden, sie stand einfach niemals auf der Tagesordnung. Männer pakken das Leben an, so wie es ist, und beißen sich durch.

Das jedoch ist ein Fehler und fatal. Denn Männer entgehen ihren Rollenfallen nur dann, wenn sie die Rahmenbedingungen, in denen sie leben, ändern oder angemessen auf schon veränderte Rahmenbedingungen reagieren. Und Frauen müssen ihnen bei dieser Tätigkeit zur Seite stehen, denn es wird ihre Männer befreiter und glücklicher machen und damit das Geschlechterverhältnis entlasten. Frauen müssen dafür zunächst nur eine einzige Leistung erbringen, nämlich den Gedanken, dass Männer nicht böse, nicht das Unterdrückergeschlecht sind. Sondern Wesen wie sie, die geliebt und anerkannt werden wollen.

Wenn Jungen und junge Männer allerdings weiter darauf sozialisiert werden, für die Frauen da zu sein, wird dies weiter Auswirkungen auf ihr Selbstwertgefühl haben. Sie werden systematisch dazu erzogen, sich eines Tages selbst für minderwertig zu halten – sie fühlen sich unattraktiver, hässlicher, dümmer, unsensibler, weniger mit den geheimnisvollen Dingen der Liebe und des Lebens vertraut. Die Mädchen sind es, die den Schlüssel besitzen.

Die Folge ist, dass junge Männer freiwillig ihre Gefühle den Mädchen zu Füßen legen. In Sachen Geschlechterverhältnisse definieren sie sich nur über die Frauen. So werden sie das begehrende Geschlecht, das sich selbst nicht für begehrenswert hält. Sie werden gebraucht. Sie schuften, spielen sich auf, schaffen Geld heran, unterhalten. In dieser ihnen zugewiesenen Position verlöschen sie langsam, aber stetig. Sie werden schon nach kurzer Zeit als Menschen kaum noch wahrgenommen. Nur ihre Funktionen als Anschaffende, denen sie widerspruchslos genügen, werden noch gesehen. Als Menschen werden Männer in diesem Prozess, der sie naturgemäß von sich selbst entfremdet, auf erschreckende Weise unsichtbar. Danach gelten sie als das liebesunfähige Geschlecht, als das Geschlecht, das in emotionalen Bindungen versagt.

Männer definieren sich nur über Frauen. Wie auch anders, da sie doch die eigenen Gefühle ständig unterdrücken? Sie brechen ihr Leben lang auf, um bei den Frauen anzukommen. Oder um vor ihnen davonzulaufen. Die Richtung ist egal, Hauptsache, sie sind in Bewegung. Damit vergeuden sie alle ihre Möglichkeiten; sie kastrieren sich, so wie Frauen sich kastrieren, die immer nur bei Männern ankommen oder vor ihnen davonlaufen wollen.

Natürlich führt diese Haltung dazu, dass Männer eines Tages ganz wild darauf sind, manipuliert zu werden. Sie wollen Frauen auf jeden Fall beschützen, auch wenn diese das nicht wollen. Und sie sind froh, wenn Frauen sie mit ihrer sexuellen Gunst für die Beschützerrolle bezahlen – dann haben Männer ihren Lebenszweck erreicht.

Der amerikanische Feminist Warren Farrell schreibt, dass »... Männer den Anschein von Stärke besitzen. Das eben ist ihre eigentliche Schwäche.« *(Mythos Männer Macht)* Und so lassen sie sich durch die oberflächliche Macht, die sie besitzen, täuschen – über Fünfjahrespläne, Vereinssatzungen, Vorbeugemaßnahmen im hygienischen Bereich und über den Bau von Nebenstraßen. Sie nehmen das für bare Münze und strengen sich ungeheuer an, der Herrscherrolle im Habitus gerecht zu werden. Männer sind durch jeden Spiegelreflex, den die Sonne in einer Puderquaste erzeugt, so geblendet, dass sie sich für die kompetenten Ansprechpartner der Frauen halten. Vielleicht liegt das daran, dass sie das kleinere Gehirn haben, vielleicht schrumpft dies beim Älterwerden schneller, wie die Nordamerikanische Ärztegesellschaft »AMA« in einer Veröffentlichung Anfang 1998 berichtete; möglicherweise nutzen sie ihr angeblich größeres nur zu einem kleineren Teil als die Frauen; vielleicht probieren die ewig kleinen Jungen auch nur, solange ihnen die Zeit bleibt, neugierig ihre Möglichkeiten durch, die sie gehabt hätten. Denn sie wissen ja, dass sie früher oder später todsicher beim Rasenmähen, beim Staubsaugerreparieren oder beim Anschauen von Urlaubsdias enden.

Männer werden schneller krank, sterben schneller, lassen häufiger ihr Leben für Frauen und Kinder und widersprechen nicht, wenn man sie dafür machistisch nennt. Sie schlucken einmal kurz und beißen sich weiter durch das Leben. Und die Frauen klatschen ihnen bei dieser Reptilien-Mentalität auch noch Beifall, einen Beifall, der die Männer auffordert, die einmal betretenen Sackgassen nicht zu verlassen: bei Strafe des Liebesentzuges.

Denn die einmal eingenommenen Positionen im Geschlechterverhältnis nützen ja im Grunde allen. Und jeder weiß das. Beide Geschlechter wissen augenzwinkernd, dass auch das Geschrei des Feminismus und die Verlautbarungen der neuen Männerbewegung an den Verhältnissen nicht viel ändern. Und weil sie das wissen, behalten sie ihre Ruhe und ihr gutes Gewissen, wenn sie noch lauter schreien und noch eindringlicher verlautbaren.

Der antrainierten Reptilien-Haltung der Männer entspricht auf der anderen Seite die antrainierte Hilflosigkeit der Frauen. Auch wenn es heute ein paar »Power-Frauen« gibt, die Macht und Selbständigkeit demonstrieren – die Anstrengung, mit der sie dies tun, lässt doch ahnen, wie tief ihre eigene Dressur zum kleinen Mädchen gewirkt hat. Noch entsprechen sich die beiden Rollenerwartungen spiegelbildlich, die eine Seite braucht die andere zum Ausgleich ihrer Defizite. Und so ist ein Ende des Reptilien-Verhaltens der Männer noch lange nicht in Sicht. Wie auch? Ist doch die Rolle der Männer in der Gesellschaft nur mit einer solchen Haltung überhaupt zu ertragen – und zu bewältigen.

Schauen wir uns nach diesem allgemeinen Überblick nun Einzelheiten in der Aufgabenverteilung der Geschlechterrollen und die damit verbundenen Rollenfallen für Männer an.

Männliche Rollenfallen

Geheimnisse und Rituale

Man kann sich fragen, warum Männer, wenn die bisher vorgenommenen Beschreibungen zutreffend sind, sich nicht auflehnen gegen die gesellschaftlichen Benachteiligungen durch verordnete Rollen.

Sie tun es nicht. Sie strengen sich höchstens noch mehr an, den Rollenzwängen gerecht zu werden. Dies ist eins der größten Geheimnisse des Lebens. Es ist noch größer als das Geheimnis, warum Männer in ihren Funktionen derart aufgehen und verschwinden, dass sie in ihrer eigenen Biografie kaum mehr vorkommen.

Und doch gibt es eine Erklärung dafür. Die Dressur, ein Mann zu werden, sitzt so tief, dass Männer sich nur noch über Umwege ausdrücken. Weil sie das funktionale, das anschaffende Geschlecht sind, das seine Gefühle hinter Leistung wegzustecken hat, rebellieren Männer nicht, sondern suchen sich Ersatz.

Männer sind das reduzierte Geschlecht, das Geschlecht, dessen Gefühle weggeworfen werden. Das haben Männer akzeptiert. Ihre gesamte Energie fließt deshalb in all ihre typischen Rituale, vor denen Frauen staunend und kopfschüttelnd stehen.

Zum Beispiel Fussball: Warum wächst die männliche Begeisterung für diesen Sport in unserer Zeit in unvorstellbare Dimensionen? Männer sind das Geschlecht, das keine Gefühle haben darf. Sport aber garantiert den emotionalen Ausbruch. Fussball ermöglicht irrsinnige Freude und irrsinnige Wut. Über diesen Umweg, der einer Therapie gleicht, kommen Männer allmählich wieder in ein emotionales Gleichgewicht.

Männer, ihre Krise und der Fußball gehören also eng zusammen. Den emotionalen Kitt für diese Trinität liefert das Geschlechterverhältnis jeden Tag. Und jedes andere Ritual der Männer drückt den Umweg, den ihre Gefühle nehmen, ebenso aus: Biertrinken, Fernsehen, Rasenmähen, Hämmern und Bauen, Autofahren, Protzen, Überstunden machen, Witze reißen.

RATSCHLAG FÜR FRAUEN

Fordern Sie Ihre Männer auf, Gefühle zu zeigen. Ermöglichen Sie ihnen auch im Alltag, diese zuzulassen, also »schwach« zu sein. Schaffen Sie Ihren Männern emotionale Spielwiesen. Aber sorgen Sie dafür, dass diese Spielwiesen nicht in den Randgebieten ihres Lebensraumes liegen, sondern mittendrin im Zentrum. Wenn Männer auch in wichtigen Bereichen, dort, wo ihre bisherige Rolle etwas anderes verlangte, weich und schwach sein dürfen, hören sie noch in der gleichen Minute auf, hart und stark erscheinen zu wollen.

Erziehung zum Machismus

Wir alle kennen den Werbespot: Ein älterer Herr fährt an der Tankstelle vor, tankt. Eine junge, flippige Frau kokettiert mit ihm von der Nachbarzapfsäule her. Der ältere Herr fühlt sich sowohl geschmeichelt als auch plötzlich wesentlich jünger. Als er zahlt, muss er feststellen, dass das mit ihm flirtende Girlie sich beim Tankwart als seine Tochter ausgegeben hat, damit der »Papa« ihre Zeche mitzahlt. Die Frau winkt ihm noch einmal übermütig von draußen zu und fährt dann schwungvoll davon. Der ältere Herr begreift, dass der Flirt nicht ihm, sondern seiner Brieftasche galt, wehmütig zahlt er.

Dieser Werbespot ist das Bild gewordene Geschlechterverhältnis. Er ist flott inszeniert und drückt eine alltägliche Geschichte aus, die wir alle kennen. Wir amüsieren uns über die sympathisch-frische Frechheit der jungen Frau und über die falschen Hoffnungen des alten Herrn, dem »Hörner aufgesetzt« werden. Aber wie würde man den Vorgang bei einem umgekehrten Geschlechterverhältnis nennen, also wenn eine ältere Dame von einem jungen Mann geprellt würde? Wir würden es Betrug nennen und als Beweis für männliche Gewalt nehmen. Am Ende eines solchen Werbespots würde nicht die Düpierte wehmütig seufzen und die Brieftasche zücken, sondern die Polizei würde den männlichen Betrüger jagen.

Männer ergeben sich schnell in die Rollen, die die Gesellschaft ihnen zuweist. Und sie machen auch noch Werbespots darüber, in denen sie sich über ihre gesellschaftliche Benachteiligung amüsieren.

Von den abzockenden Frauen in der Werbung und in der Realität – beispielsweise wenn es nach der Scheidung um Geld, Pfründe und das Sorgerecht für die Kinder geht – wollen wir an dieser Stelle gar nicht reden. Sie nutzen nur ihre Freiräume aus, die schwache Männer und ein starker Staat ihnen einräumen.

Wir reden hier über Männer. Warum dulden sie ihre Rolle? Weil sie sich auch hier wieder einen Ausweg freigebuddelt haben. Dieser Ausweg heißt: Machismus.

Frauen, denen Männer den Weg freihalten, denen sie die Tür öffnen, die Restaurantrechnung und das Benzin bezahlen, befinden sich zwar in einem geschützten Raum, aber gleichzeitig werden sie von Männern verachtet. Männer richten sich solchen Frauen gegenüber darauf ein, auf der Hut zu sein. Von Frauen, denen Männer in jeder Hinsicht galant den Vortritt lassen, kann auf Dauer nur Unheil kommen. Und je höflicher und freundlicher Männer sich diesen Frauen gegenüber gebärden, desto mehr verfestigt sich ihre innerliche Haltung, dass man diese Frauen in Schach halten muss. Das ist die Schule des Machismus.

Aus dieser Rollenfalle sollten Männer zuallererst fliehen. Und Frauen sollten sie dabei ermuntern! Jede Mark, die ein Mann für Frauen ausgibt, um dafür Freundlichkeit, Zuneigung, Gunst oder Liebe zu bekommen, zahlt er indirekt in den Fond zur Stärkung des Weiberhasses. Das kann nicht im Sinne von Frauen wie von Männern sein.

RATSCHLAG FÜR FRAUEN

Weigern Sie sich, wenn er für Sie bezahlen will. Laden Sie ihn ein. Kommen Sie für ihn auf. Bezahlen Sie seinen neuen Anzug. Schenken Sie ihm Blumen. Finanzieren Sie ihm ein Wochenende zu zweit in einem Traumhotel. Sehen Sie in ihm nicht mehr denjenigen, der zahlt, um Sie zu bekommen.

Damit tun Sie mehr für die Abschaffung von beklagenswerten männlichen Machismen, als Sie bisher zu hoffen wagten.

Das Standortproblem der Männer

Frauen stellen sich seitlich zum Leben, Männer frontal dazu.

Frauen streben überall danach, Sonderrechte eingeräumt zu bekommen und Vorteile zu erlangen, verlangen aber vehement den gleichen Respekt wie das andere Geschlecht. Männer bemerken diesen Widerspruch zwar, bemühen sich jedoch energisch, ihn zu vertuschen. Er ist ihnen offensichtlich peinlich. Noch peinlicher wäre es ihnen, auf diesen Widerspruch ausdrücklich hinweisen zu müssen. Statt dessen grinsen sie schief und strengen sich weiterhin an, es den Frauen recht zu machen. Unter dem Druck einer auf Frauen fixierten Öffentlichkeit bleibt ihnen wahrscheinlich gar nichts anderes übrig. Männer sind das Zulieferergeschlecht, ein Geschlecht zweiten Grades. Bisweilen verhalten sie sich gar, als wären sie eine Art Betriebsunfall der genetischen Entwicklung. Das haben sie verinnerlicht. Das ist ihr Standortproblem.

Frauen glauben, den Männern in ihrer Haltung nicht widersprechen zu müssen. Aber das ist nicht klug. Denn der kurzfristige Vorteil, den sie durch männliche Minderwertigkeitskomplexe erlangen, wird sich als langfristiger Nachteil erweisen. Schließlich werden Männer Frauen in entscheidenden gesellschaftlichen Bereichen niemals die gleichen Rechte geben, weil sie insgeheim davon ausgehen, dass Frauen ohnehin das aufgrund ihrer biologischen Rolle bevorzugte Geschlecht sind. Warum sollten also Männer ihre letzten Bastionen freiwillig räumen, in denen sie ihre kleinen und hart erarbeiteten Machtvorsprünge verteidigen können, die sie auf *allen* anderen Gebieten längst nicht mehr wirklich besitzen! Und die sie im psychologischen Bereich gegenüber Frauen auch nie besessen haben. Das Standortproblem bleibt.

Wir hören heute Frauen zu, nicht Männern. Männer reden zwar deshalb viel und laut, sagen aber nichts. Wer viel und laut redet, hat Angst, nicht gehört zu werden, oder weiß, dass man ihm längst nicht mehr zuhört. Viel und laut reden ist deshalb kein Ausdruck von gesellschaftlicher Stärke, sondern von realer Schwäche. Jede Frau, die mit dem Finger schnippt, mit den Augendeckeln klimpert, ihr Dekolleté ein wenig öffnet oder ihren Rock einen Zentimeter hochrutschen lässt, verurteilt das Reden der Männer sofort zum Schweigen. Das eben wissen alle Männer – vor allem die laut und viel redenden Männer – ganz genau.

Frauen spenden Leben, Männer nicht. Im Gegenteil: Männer zerstören Leben. Also muss man Männern gegenüber immer misstrauisch sein, Frauen gegenüber nicht. Wenn Frauen sich danebenbenehmen, standen sie unter dem schlechten Einfluss von Männern. Stimmen wir darin überein?

Wenn ja, teilen wir die heute gängige Ansicht von den Geschlechtern, und wir verstärken das Standortproblem des männlichen Geschlechts, das weiterhin dazu führen wird, Männer als zweitrangig anzusehen.

Wir behandeln Männer nicht unbedingt als zweitrangig, wir sehen sie aber unbewusst als zweitrangig an. Der kollektive Instinkt der Menschen rät jedem, im Umgang mit Männern vorsichtig zu sein, im Umgang mit Frauen jedoch arglos. Diesen Vorteil machen sich Frauen zunutze – und warum auch nicht?

Ändern können daran nur Männer etwas. Nämlich dann, wenn sie in der Lage sind, über sich selbst eine bessere Meinung zu gewinnen. Sie brauchen nicht auf die Frauen zu starren, sondern müssen bei sich selbst anfangen. Statt dessen denken sie: Wenn wir schon überall als minderwertig gelten, dann wollen wir uns, verdammt noch mal, auch so verhalten: das Rambo-Syndrom.

Frauen sehen toll aus, sind aber nicht toll. Sie sind es ebensowenig wie Männer. Beide Geschlechter sind befangen in ihrer kleinen Rollenerwartung und achten darauf, Vorteile zu erlangen, Aufmerksamkeit zu bekommen, zu überleben.

Frauen sollten deshalb nicht als glaubwürdiger behandelt werden. Wie oft auch immer Männer versagen, über die Stränge schlagen, sogar straffällig werden – sie taten es nicht, weil sie das böse Geschlecht sind. Die Geschlechterrollen haben sie abgerichtet. Männer haben mit falschen Mitteln versucht, das Richtige zu tun, um beim anderen Geschlecht gut dazustehen.

Solange wir Frauen von vornherein als das »unschuldige Geschlecht« ansehen und Männer als das »schuldige Geschlecht«, arbeiten wir unverdrossen am Standortproblem der Männer. Und daran, dass diese ihren Nachteil mit anderen – erlaubten und unerlaubten – Mitteln ausgleichen wollen.

Gleichberechtigung muss es auf allen Gebieten geben, auch für Männer. Gleichberechtigung ist keine Erfindung des Feminismus und kein Programm nur für Frauen.

RATSCHLAG FÜR MÄNNER

Behandeln Sie Frauen nicht »galant«. Behandeln Sie Frauen nicht so, als wären sie kostbare Juwelen aus dem Luxus-Shop des Lebens und Sie selbst Dauerkunden eines Porno-Ladens. Gleichberechtigung muss auf allen Gebieten des alltäglichen Lebens hergestellt werden. Wenn es echte Partnerschaft zwischen den Geschlechtern gibt, werden Frauen aufgefordert sein, ihren Anteil zu übernehmen, und Männer werden aufhören können, Frauen heimlich zu verachten.

Frauen sind nur dann das »schützenswerte Geschlecht«, wenn wir den Standpunkt eines Familienministeriums einnehmen, das sich um den gesamtgesellschaftlichen Nachwuchs sorgen muss. Familienministerien haben jedoch keine Gefühle. Jedes männliche Individuum dagegen hat Gefühle. Handeln Sie nach Ihren individuellen Gefühlen und nicht nach den statistischen Bedürfnissen von Bevölkerungsämtern und Ministerien!

Was ist Sexismus?

Stellen wir uns einmal vor, unsere Frauen – jedweden Alters oder jedweder Klassenzugehörigkeit – würden als »Staatseigentum« bezeichnet werden. Ein Sturm der – berechtigten – Entrüstung wäre die logische Folge.

Männer werden aber gewohnheitsgemäß nicht nur als Staatseigentum bezeichnet, sondern sie werden auch so gehalten und behandelt. Sie *sind* Staatseigentum und rebellieren nicht dagegen.

Jeder Mann gehört deshalb dem Staat, weil er in seiner Jugend den Stempel des Einberufenwerdens aufgedrückt bekommt. Selbst wenn er den Wehrdienst verweigert, *muss* er einen Erstzdienst für Vater Staat leisten. Wirklich entziehen kann er sich dieser psychischen und physischen Einberufung nur, wenn er freiwillig ins Gefängnis geht. Das ist in allen »zivilisierten« Ländern so. Aber wirklich drastisch deutlich wird es in den USA, wo der Soldat ausdrücklich »G.I.« genannt wird, also: »Government Issue«, Staatseigentum.

Diese banalen Wahrheiten sind jedem Mann und auch jeder Frau bekannt.

Wir wissen alle, dass Männer nicht sich selbst gehören, sondern dem Staat und der Gesellschaft. Frauen hingegen propagieren: »Ich gehöre mir!« – »Mein Körper gehört mir!« Und wir alle finden das gut und beglückwünschen die Frauen dazu. Es handelt sich bei dieser unterschiedlichen Chancenverteilung, dieser unterschiedlichen Möglichkeit, sich selbst zu gehören oder nicht, also offensichtlich um unverhüllten Sexismus, den jedoch in dem Sinn nicht einmal Männer, geschweige denn Frauen beklagen.

Es ist mir nicht bekannt, dass der Ausdruck »Sexismus« in diesem Zusammenhang jemals gebraucht wurde. Er ist überhaupt erst in die tägliche Debatte geraten, weil Frauen ihn benutzten. Sie bezeichneten damit ein ausschließlich männliches Verhalten oder von Männern herbeigeführte Verhältnisse, die den Frauen allein aufgrund der Geschlechtszugehörigkeit Nachteile und den Männern Vorteile brachten. So als sei es ein natürlicher Makel von Männern, sexistisch zu sein – gegen das andere Geschlecht.

Es wurde auch »sexistisch« genannt, wenn Männer sich misstrauisch dagegen aussprachen, zusammen mit Frauen zu arbeiten, oder ihnen die gleichen Vorteile zu gewähren, die sie selbst besaßen. Männer reflektierten jedoch damit nur – vielleicht fühlten sie es auch einfach unbewusst –, dass Frauen in einer Weise geschützt sind, die man nur als privilegiert bezeichnen kann, dass also keine Chancengleichheit von Männern und Frauen besteht. Und dass sie deshalb in keinem Team mit Frauen arbeiten wollten, die nur zu genau wissen, dass sie im »Ernstfall« sich auf den von allen geteilten Standpunkt »Ich gehöre mir / Mein Körper gehört mir« zurückziehen können, was ein Mann niemals kann.

Sich auf den Standpunkt »Ich gehöre mir / Mein Körper (und mein Verstand) gehört mir« zurückzuziehen, das können nur die ganz wenigen wirklich privilegierten Männer, nämlich jene mit politischer und ökonomischer Macht, Einfluss und Reichtum. Also die verschwindende Minderheit der gesellschaftlichen Männer. *Jede* Frau nimmt jedoch diesen Status selbstverständlich für sich in Anspruch. Auch von solchem Sexismus spricht niemand.

Frauen jeden Alters und jeder Schichtzugehörigkeit sollten sich über diese Verhältnisse Gedanken machen. Tun sie es nicht, leisten sie Verhältnissen Vorschub, die sie selbst – und mit Recht – beklagen.

RATSCHLAG FÜR MÄNNER UND FRAUEN

Jeder Mensch ist aufgrund seiner Zugehörigkeit zu einem bestimmten Geschlecht sexistisch. Er ist es nicht immer, aber tendenziell. Jedenfalls immer dann, wenn er bewusst oder instinktiv versucht, aus geschlechtsspezifischen Gründen Vorteile zu erlangen. Darin unterscheiden sich Männer und Frauen nicht.

Wir haben uns jedoch angewöhnt, von Sexismus nur dann zu sprechen, wenn Männer sich gegenüber Frauen so verhalten. Männer und Frauen sollten ihren gegenseitigen alltäglichen Sexismus überprüfen, er besteht auf beiden Seiten und kann nur von beiden Seiten her aus der Welt geschafft werden.

Im negativen Fall dient er Verhältnissen, die niemand will – schon gar nicht Frauen.

Erfolgszwang

In der englischen Sozialkomödie »Ganz oder gar nicht« (The Full Monty, 1997, Regie: Peter Cattaneo) sagt einer der arbeitslosen männlichen Protagonisten zu einem anderen: »Niemand lacht Dich aus, wenn Du einen Tausender mit Dir rumträgst.« Eigentlich meint der »Versager« damit: »Keine Frau lacht Dich aus, wenn Du einen Tausender mit Dir rumträgst.« Meint er damit, dass Geld und Erfolg Männer bei Frauen anziehend machen? Genau das. Und stimmt das?

Wenn es tatsächlich Geld ist, was Frauen bei Männern anziehend finden, Erfolg, der erotisch macht, dann ist dies nichts weiter als selbstverständlich. Denn es ist die logische Konsequenz aus Jahrhunderten Geschlechterbeziehung. Männer sorgten für Frauen und Kinder, Frauen und Kinder gewährten dafür Liebe, Frauen gewährten Sex. Auf diese Formel lässt sich bringen, was in unserem abendländischen Kulturraum »Liebes- und Ehegemeinschaft« heißt.

Der Zahlzwang ist eine der unangenehmsten Rollenfallen für Männer. Solange wir nicht sehen wollen, was dieser Zwang schon für den Jungen bedeutet, der klar erkennt, dass er nicht nur im Augenblick, sondern sein Leben lang verdienen und bezahlen muss, um Liebe und Anerkennung zu finden, verstehen wir nicht die spätere verbissene Fixierung von Männern auf ihren Job und die Sphäre der Arbeit insgesamt. Gleichzeitig werfen Frauen ihren Männern diese Fixierung vor. Wenn der Mann aber arbeitslos wird, also »versagt«, dann kritisieren sie ihn oder verlassen ihn sogar. Männer wissen das ganz genau, sie fühlen sich ungeliebt und unverstanden, und es verstärkt ihr Misstrauen gegen Frauen.

Im genannten Film allerdings verlassen die Frauen der Unterschicht – im Gegensatz zu ihren höhergestellten Geschlechtsgenossinnen, den Aufsteigerinnen mit bürgerlichen Idealen – ihre arbeitslosen Männer nicht. Ein schönes, wohl auch in der Realität hin und wieder nachgespieltes Beispiel vernünftiger, zu Solidarität befähigter Frauen.

Der fraglos verordnete Erfolgszwang hat Männer als Gesamtgeschlecht allerdings auch in ein schiefes Verhältnis zu den Realitäten gebracht. Oft genug vermuten sie nur, die Liebe ihrer Frauen bei Erfolglosigkeit zu verlieren. Dass sie diese offene Frage nicht zu überprüfen in der Lage sind, spricht nicht für ihre kommunikative Kompetenz. Viele Frauen würden sicher bei ihren Männern bleiben, auch wenn diese »versagen«. Interessant ist jedoch die automatisch einsetzende Befürchtung von Männern, bei Erfolglosigkeit sofort verlassen zu werden. An dieser Befürchtung müssen Männer und Frauen gemeinsam rütteln. Denn es gilt nach wie vor, dass Frauen zumindest instinktiv dazu neigen, den Erfolglosen sofort zu verlassen und sich einen anderen »Beschützer« zu suchen. Wenn dann der Verstand einsetzt, kann dieser Instinkt manchmal erfolgreich nachbearbeitet werden.

Aber man schaue sich einmal an, wie Frauen sich bei einem Boxkampf verhalten. Geht ein Kämpfer zu Boden und wird ausgezählt, verfolgen die Blicke der überwiegenden Frauenmehrheit bewundernd den Sieger, nicht den Gedemütigten. Die Blicke der männlichen Zuschauer hingegen heften sich an den Looser: ein kleiner, aber interessanter Nebenaspekt des Themas Erfolg und Erotik.

Männer als menschliche Geldautomaten waren und sind noch immer, darüber sollte uns kein Emanzipationsgerede hinwegtäuschen, die Regel. Dass Frauen für sich selbst aufkommen und deshalb nicht nur auf die potenten Männer, die Siegertypen fixiert sind, ist statistisch gesehen die Ausnahme. Und wenn Frauen doch einmal für sich selbst aufkommen, dann nur, weil sie den Augenblick herbeisehnen, an dem dieser Zustand ein Ende hat. Der Mann, den sie in diesem Moment treffen, wird ihre große Liebe sein.

Weibliche Sozialisation bringt Frauen auch gegen ihren eigenen Willen dazu, so zu fühlen und zu denken. Und Männer wissen das ganz genau, deshalb verfolgen sie das tägliche Gerede in den Frauenmedien über die Emanzipation der Frauen in der »Männerwelt« mit sehr viel Skepsis.

RATSCHLAG FÜR MÄNNER UND FRAUEN

Denken wir darüber nach, warum Männer den Erfolg als etwas ansehen, das sie bei Frauen attraktiv macht. Ist die Ursache männlicher Machismus? Oder Realitätsblindheit? Oder steckt darin eine lange Erfahrung im Umgang mit dem anderen Geschlecht? Männer wollen ebenso wie Frauen als unverwechselbare Individuen begehrt und geliebt werden. Wenn Erfolg es ist, der ihnen dies verschafft, werden sie weiterhin nach Geld, Einfluss und Macht streben.

Jede einzelne Frau hat die Möglichkeit, an diesem Wertesystem durch ihr persönliches Verhalten etwas zu ändern, und jeder Mann wird ihr dafür dankbar sein.

Krankheiten

Männer gelten heute als das Geschlecht, das versagt hat. Sie haben ihr Leben vertan. Ihre Macht missbraucht. Ihre Frauen geschlagen und vergewaltigt. Dann treffen sie sich am Stammtisch oder in Chefetagen, saufen und lachen sich eins. Dies ist das – nur leicht überzeichnete – Bild des Mannes in der heutigen Öffentlichkeit. Und in Dutzenden von Frauenzeitschriften wird dies Bild jede Woche neu nachgezeichnet.

Wir hören Frauen zu, wie sie über Männer klagen. Wir hören nicht Männern zu, wie sie über Frauen klagen. Denn das gilt als verweichlicht, als unmännlich. So kommt es, dass die Versäumnisse der Männer in aller Munde sind, einen Namen und eine Adresse haben, die Versäumnisse von Frauen jedoch nicht.

Es gibt kein Männerfernsehen, ein Frauenfernsehen sehr wohl. Es gibt keine Männerzeitschriften, Frauenzeitschriften in Hülle und Fülle. Es gibt keine Männerhäuser, keine Männerfonds, keine Männersozialprogramme, keine staatlichen Anlaufstellen für gedemütigte Männer. Können wir daraus schließen, dass es keine gedemütigten Männer gibt? Oder lässt sich mit ihnen »kein Staat« machen?

Es gibt »Gleichstellungsbeauftragte“, »Antidiskriminierungsbeauftragte«, »Frauenbeauftragte«, »Frauenanlaufstellen«, »Frauenministerien«. Es werden immer mehr Sonderregelungen für Frauen getroffen, so als gälte es, »Behinderten den Einstieg in die Busse zu erleichtern« (Henryk M. Broder).

Und es gibt überall in Deutschland Frauengesundheitszentren. Stellen wir uns ein »Männergesundheitszentrum« vor! Feministinnen würden gegen eine solche »sexistische« Institution Sturm laufen!

Braucht unser Staat gesunde Frauen, aber keine gesunden Männer?

Es gibt keine Männerförderung per Gesetz. Frauenförderung per Gesetzeskraft gibt es, wie der Internationale

Gerichtshof in Den Haag zum Jahresende 1997 noch einmal ausdrücklich bestätigte, sehr wohl. Mit anderen Worten: Es gibt die Bevorzugung eines ganzen Geschlechts aufgrund der Zugehörigkeit zu diesem Geschlecht. Solcher Sexismus wird hingenommen – auch von Männern. Darin drückt sich ihr schlechtes Gewissen aus.

Bezeichnend ist heute die Situation an manchen Universitäten, die sogenannte »gender studies« als eigenständiges Studienfach eingeführt haben. Dort geht es selbstverständlich nicht um Geschlechterstudien, sondern um Frauenstudien. Dies hat den Vorteil, Frauen Jobs zu verschaffen und Männer auszugrenzen. So weit hat es nicht einmal die Arbeiterbewegung gebracht, obwohl sie ein wenig älter, wichtiger und machtvoller ist als die Frauenbewegung. Wir können zwar hier und dort die Geschichte der Arbeiterbewegung studieren, aber als selbständige akademische Disziplin hat sie sich nicht etablieren können. So etwas blieb der Frauenpower vorbehalten, die das öffentliche Interesse rund um die Uhr besetzt hält.

Die wenigen männerorientierten Zeitschriften, die man als solche bezeichnen könnte, beschäftigen sich ausschließlich mit Frauen. Nämlich damit, wie man »Frauen fängt«, mit nackten Frauen, mit Frauen, denen es die männlichen Leser recht machen wollen. Mit den wirklichen Problemen von Männern beschäftigt sich keine einzige Zeitschrift – und die Gesamtöffentlichkeit schon gar nicht. Die Folge sind mit leidender oder auch wütender Miene vorgetragene sogenannte Frauenthemen, die über alle Sender dröhnen, und fragwürdige Frauenschönheiten, die uns von allen Plakaten entgegenlachen und die in allen elektronischen Medien mit ihren biologischen Vorzügen prahlen und posieren.

Es gibt »Frauenkrankheiten« wie Depression, Hysterie, Traumata nach einer Vergewaltigung. Würden wir diese Zustände mit Männern in Verbindung bringen? Nein. Und doch leiden Männer an vergleichbaren Symptomen, wobei der Begriff »Vergewaltigung« eine breite Palette von Beschädigungen meint. Er kann im Zusammenhang mit wirklicher sexueller Gewalt durch Männer und Frauen auftauchen, im Zusammenhang mit Waffengewalt, zu der Männer per Gesetz genötigt sind, im Zusammenhang mit dem Verlust der Arbeitsfähigkeit oder des Arbeitsplatzes, durch den Männer ihre Identität verlieren und sich gedemütigt, ausgestoßen, wertlos und schuldig fühlen.

Der Begriff kann auch im Zusammenhang damit auftauchen, dass Männer ausgenutzt wurden für die Rolle des Retters und Beschützers, die den normalen Stressfaktor, für den Unterhalt der Familie ausschließlich zuständig zu sein und ausdrücklich keine »Männerförderung« per Gesetz zu bekommen, schließlich unerträglich machte. Krankheit, Selbstmord und Tod sind die immer häufigere Folge.

Viermal mehr Männer als Frauen begehen nach der Statistik Selbstmord. Ist das ein Ausdruck ihrer Stärke – oder ihrer Ohnmacht?

Frauenthemen haben einen Absender und einen Adressaten. Männerthemen nicht. Sie werden verschwiegen, mit zusammengebissenen Zähnen runtergeschluckt und verursachen somit Krankheiten wie Depressionen, Krebs, Herzleiden, Süchte, Suiziddisposition. Diese Krankheiten gelten jedoch nicht als typische Männerleiden.

Im Jahr 1996 starben 11.916 Männer an Prostatakrebs. Wer spricht von dieser Männerkrankheit? Ihre Entstehung ist noch immer weitgehend unerforscht, weil es kein Geld gibt, danach zu forschen. Im gleichen Jahr starben vergleichbar viele, nämlich 11.532 Frauen an Krebserkrankungen der Gebärmutter und der Eierstöcke. Diese Zahlen gingen als Aufmacher durch alle Medien. Frauenkrebs ist weitgehend erforscht, zumindest als dringendes Problem im medizinischen Bewusstsein. Dafür gibt es Forschungsgelder.

Ein paar weitere Zahlen: Im Jahr 1996 starben durch Selbstmord 8.728 Männer und 3.497 Frauen; an sonstigen Gewalteinwirkungen außerhalb des Arbeitsplatzes: 1.829 Männer und 913 Frauen, bei Unfällen 13.347 Männer und 10.202 Frauen, bei Kraftfahrzeugunfällen 6.086 Männer und 2.252 Frauen, bei Verletzungen und Vergiftungen: 23.904 Männer und 14.612 Frauen; an psychiatrischen Krankheiten: 14.335 Männer und 13.395 Frauen, an Erkrankungen der Atmungsorgane: 28.362 Männer und 8.422 Frauen (Quelle: Statistisches Bundesamt, Wiesbaden).

Männer leben also, vor allem berufsbedingt, nicht gerade auf der gesunden, der sicheren Seite. Darüber jedoch spricht man nicht. Ist dies alles ein Ausdruck ihrer gesellschaftlichen Macht?

Einige weitere Anmerkungen dazu: Feministische Autorinnen behaupten immer wieder, dass in fast allen medizinischen Bereichen vorrangig über Männer geforscht wird. Tatsache ist, wie Warren Farrell in »Mythos Männer Macht« sagt, dass »eine Auswertung von dreitausend medizinischen Zeitschriften im Index Medicus ergab, dass auf dreiundzwanzig Artikel über die Gesundheit von Frauen einer kommt, der sich mit der Gesundheit von Männern befasst«.

Der Autor führt zu diesem Thema weiter aus: »Die Wahrscheinlichkeit für eine Frau, an Brustkrebs zu sterben, ist vierzehn Prozent höher als die Wahrscheinlichkeit für einen Mann, an Prostatakrebs zu sterben. Es werden aber 660 Prozent mehr Gelder für die Erforschung von Brustkrebs eingesetzt als zur Erforschung von Prostatakrebs. Das Verhältnis Todesrate / Forschungsmittel liegt also bei 47 zu 1 zugunsten der Frauen.« *(Mythos Männer Macht)*

Der Autor bezieht sich hier auf die im Jahr 1992 veröffentlichten Daten des »Reports Analysis and Evaluation Branch of the National Cancer Institute, Financial Division«. Dies betrifft amerikanische, also weit mehr an Fraueninteressen orientierte Verhältnisse, in Deutschland dürften die Zahlen ähnlich drastisch sein. Worauf es ankäme, ist, die Krankheitsforschung für beide Geschlechter zu intensivieren, für beide Geschlechter Forschungsgelder bereitzustellen und auch die Grundlagenforschung auszuweiten, die beiden Geschlechtern zugute käme.

Leider ist dem nicht so. Frauen, die darüber klagen, dass sie am Zustand der – männerdominierten - Welt krank werden, gelten als von »typischen Frauenkrankheiten« überwältigt. Deshalb steht Hilfe für sie, die Erhalterinnen des Lebens und Erzieherinnen des gesellschaftlichen Nachwuchses, jederzeit bereit. Für Männer, die »nur» das nötige Kleingeld herbeizuschaffen haben, nicht. Denn sie sind ja in dieser Zwangsrolle austauschbar wie Geldautomaten.

RATSCHLAG FÜR MÄNNER UND FRAUEN

Wir sprechen, vor allem im seelischen, aber auch im körperlichen Bereich, von typischen »Frauenkrankheiten« und von typischen »Männerkrankheiten«. Diese Unterscheidungen sollten aufhören. Vor allem sollte Schluss damit sein, dass wir Frauenkrankheiten als passive Opferkrankheiten ansehen und Männerkrankheiten als aktive Täterkrankheiten. Es sind seelische und körperliche Rollenkrankheiten, die beide Geschlechter erleiden, weil sie das Verhalten permanent überfordert, das ihnen die Gesellschaft – Männer und Frauen – verordnet hat. Stellen wir die Geschlechterrollen in Frage!

Biologie als Wahnvorstellung

Weibliche Biologie gilt als Schicksal, männliche Biologie nicht. Wir sind so gerührt davon, dass Frauen Kinder kriegen können, dass wir Frauen alles verzeihen. Die biologische Rolle des Mannes dagegen unterliegt nicht unserer Aufmerksamkeit. Männer leben und sterben eben – und zwischendurch vergewaltigen sie ihre Frauen und schlagen ihre Kinder. Das scheint ein Naturgesetz zu sein. Stellen wir uns einmal vor, Frauen gerieten in dieses Vorurteil. Würden wir nicht alles daransetzen, ihr Verhalten zu entschuldigen, oder zumindest sofort mit einer hochsubventionierten Untersuchung darüber beginnen, warum Frauen so sind? Würden wir nicht ihre biologische Rolle heranziehen, um ihr Verhalten zu erklären?

Bei Männern versucht das niemand. Warum?

Männer sollen sich zusammenreißen und funktionieren. Sie sind auch weniger hübsch. Unser Blick gilt den Frauen.

Im biologischen Bereich finden wir deshalb immer aufs neue Gründe, um Frauen zu entschuldigen. Sie haben ein prämenstruelles und postmenstruelles Syndrom, auf jeden Fall ein posttraumatisches Syndrom, sie leiden unter nachgeburtlichen oder anderen Depressionen, sind antrainiert oder aufgezwungen hilflos, sie wehren sich nur und schlagen zurück, wenn es gar nicht mehr anders geht, ihre weibliche Rolle bereitet ihnen Angst, ihre Hormone bereiten ihnen Ärger. Man muss Frauen auf den Arm nehmen und wiegen. Sie sind hilflos und unschuldig.

Männer dagegen besitzen Muskeln, Bäuche und tiefe Stimmen. Reicht das allein nicht schon aus, um sie verdächtig zu machen? Zumindest reicht es, um zu erklären, dass sie verantwortlich, selbständig und das Tätergeschlecht sind. Sie sind dicker – also stärker, größer – also zurechnungsfähiger, technisch versierter – also die Machthaber. Sie scheinen überall präsent, also muss man sie verurteilen, wenn irgendwo etwas Unrechtes geschieht. Frauen dagegen müssen nur einige Sekunden lang Unschuld demonstrieren, und schon glaubt man ihnen alles.

Frauen sind so süß. Sie können nichts getan haben. Wir behandeln sie deshalb wie unsere Kinder. Damit diskriminieren wir sie, denn wir halten sie in Abhängigkeit. Wir diskriminieren sie – auch wenn sie den Vorteil davon haben.

Männer selbst beurteilen Frauen so. Abhängig wie Junkies von weiblichem Sex und von weiblicher Schönheit, heben sie Frauen aufs Podest, dort werden diese dann unberührbar. Hin und wieder sind die Männer dieses Tuns überdrüssig und lassen die hofierten Frauen fallen, dann plumpsen diese zu Boden und brechen sich dabei das Herz. Aber sofort eilen die Männer wieder schuldbewusst herbei, um ihre Göttinnen jetzt noch höherzuheben. Undsoweiter. Ein Leben lang.

Dabei wächst die heimliche Verachtung von Männern gegen ihre Frauen, die so offensichtlich unselbständig sind, dass sie nicht erkennen können, wieviel langfristige Nachteile ihnen das ständige Beschütztwerden und Gehätscheltwerden durch Männer bringt.

Männer erklären die weibliche Unfähigkeit des klaren Durchblicks mit ihrem biologischen Schicksal. Frauen haben zu viele Fettpolster, Hormone und Gefühle, sie sind irrational. Das macht ihr angeborener Instinkt, sie erleiden ein bemitleidenswertes, biologisches Schicksal.

Männer dagegen haben angeblich keine Urinstinkte, und wenn, dann verurteilt man sie dafür. Sie haben kein biologisches Schicksal, das für sie spräche, für die Erklärung ihres Tuns gelten nur machtpolitische, soziale Faktoren. Und was das betrifft, kann man sie um so müheloser als dominierende Chauvinisten und gewaltorientierte Machisten brandmarken.

RATSCHLAG FÜR FRAUEN

Schwächen Sie nicht das Selbstwertgefühl Ihrer Männer, stärken Sie es! Es wird Ihnen nicht in Form von Stärke gedankt werden, sondern in Form von »Schwäche«. Also durch größere Sensibilität und verstärkte Bereitschaft, auch Ihre Interessen und Probleme wahrzunehmen und Ihre Stärke anzuerkennen.

Das gefährliche Minderwertigkeitsgefühl

Männer fühlen sich Frauen ausgeliefert. Diesen Tatbestand können sich Frauen in der Regel gar nicht vorstellen.

Stellen Sie sich den Mann vor, der seinen Freunden – und deren Ehefrauen – gegenüber klagt: Ich fühle mich meiner Frau ausgeliefert. Was wäre die Folge? Die Freunde und deren Ehefrauen würden ihm auf die Schulter klopfen und ihm kopfschüttelnd-herablassend raten, cool zu bleiben, einen Schnaps zu kippen und endlich mit der Gartenarbeit fortzufahren. Gestände eine Frau ihren Freundinnen – und deren Ehemännern – ein, dass sie sich ihrem Mann ausgeliefert fühle, suchten beide Geschlechter sofort und entschlossen nach einem Ausweg.

Noch einmal: Wenn Frauen das bessere, das schützenswerte Geschlecht sind, bleibt für Männer nur der Rest übrig, also das minderwertige Geschlecht zu sein. Das schafft ein gefährliches Gefühl. Ein unterwürfiges, verdrucktes, rachsüchtiges Gefühl. Ein Gefühl mit eingezogenem Schwanz und schlechtem Gewissen. Können wir das wirklich wollen? Können Frauen das wollen?

Von Frauen ist zwar zu hören, dass sie über Männer klagen. Aber wollen sie ihnen helfen? Ich fürchte: so ohne weiteres nicht. Ihre in den letzten dreißig Jahren aufgehäufte Wut auf Männer ist zu groß für gegenseitige Hilfe. Es sei denn, die Grenze zum Unerträglichen wird überschritten, und Frauen halten es so nicht mehr aus.

Sollten wir etwa im Ernst Männer auffordern, die Grenze zum unerträglichen Verhalten zu überschreiten, damit sie ihre Frauen zwingen, ihnen zu helfen?

Ohne die Hilfe der anderen Seite werden Männer, das schwache Geschlecht, es nicht schaffen, sich und ihre Rollen zu ändern. Und das liegt ganz offensichtlich daran, dass Männer sich permanent minderwertig fühlen.

RATSCHLAG FÜR FRAUEN

Gehen Sie davon aus, dass Ihr Mann sich minderwertig fühlt. Stärken Sie also sein gesundes Selbstvertrauen. Bewundern Sie ihn nicht für falsche Stärke, die nur Zeichen für eine missinterpretierte Männerposition ist, sondern lassen Sie bei ihm eine gesunde Schwäche zu, die das Minderwertigkeitsgefühl aufweicht. Versuchen Sie zu erkennen, wie ohnmächtig sich Männer meist vor der »Weiberherrschaft« fühlen. Machen Sie – mit den Mitteln, die in Ihrer Macht stehen und die Sie für richtig halten – ein Ende damit.

Gunstbezeugungen

Männer sind unsicher, wie weit sie heutzutage in ihrer sexuellen Rolle gehen können. Diese Rolle hat sich nämlich verändert. Was gestern noch als erwünscht galt, gilt heute unter Umständen schon als »Delikt«.

War der Mann gestern noch zu Initiative und Aktivität geradezu verpflichtet – ob er wollte oder nicht –, so interpretieren es Frauen (und ihre eilfertigen Anwälte) heute oft als sexuelle Belästigung, wenn er auf sie zugeht. Männer müssen lernen, mit dieser veränderten Lage umzugehen. Sie müssen ein neues Gefühl für sich entwickeln, das ihnen sagt: Glück kommt nicht allein von den Frauen und von deren »Gunst«. Was heißt das?

Ob ein »sexueller Antrag« erwünscht oder unerwünscht ist, entscheiden allein die Frauen. Männer sind die Antragsteller. Im umgedrehten Fall würde kein Mann nach dem Chef oder der Polizei rufen, wenn eine Frau oder Kollegin ihn »anmacht«. Für den Mann kann die Interpretation einer Frau drastische Folgen haben. Er wird entweder ins Schlafzimmer der »angemachten« Frau hineingelassen oder angezeigt – oft genug auch beides. Denn die – häufig von Feministinnen beratenen Behörden – legen die Regeln heutzutage sehr streng und immer zum Nachteil der Männer aus. Der Vorwurf der sexuellen Belästigung ist schnell erhoben und wirkt lange nach.

Der Grat, auf dem der Mann wandelt, ist sehr, sehr schmal. Manche Männer, Hasardeure des Machismus, halten aber gerade ein solches Wagnis für das aufregende, prickelnde Spiel der Erotik.

Anderen Männern hat dieses Wagnis das Leben ruiniert. Oder sie mussten zahlen, bis sie schwarz wurden.

Frauen »gewähren Gunst«. Sie erwarten offenbar ganz selbstverständlich eine Gegenleistung, meist finanzieller Art, wenn sie Sex, wie einen Kredit, gewähren. So haben sie es gelernt, so verfahren sie immer noch. Heutzutage haben sie durch die Auslegungspraxis der Moralbehörden nur noch mehr Möglichkeiten bekommen, Vorteile zu erlangen, ganz egal, wie sie sich selbst verhalten. Frauen sind in Sachen »Sexualität« rundum geschützt und abgesichert. Sie nehmen diesen Vorteil, den ihnen auch Männer freiwillig gewähren, gern an.

Dieser Vorteil bringt jedoch nur zum Ausdruck, dass Frauen noch immer keine selbständige, emanzipierte Umgehensweise mit Sex und Erotik zugetraut wird. Frauen müssen beschützt werden. Und dafür sorgt Vater Staat, das potente männliche Aufsichtsorgan, das sich von besorgten Beauftragten für »Frauenfragen« beraten lässt.

Solche Regelungen können dazu führen, dass Männer in Liebesdingen immer vorsichtiger werden und Frauen immer öfter links liegen lassen. Was wäre die Folge? Eine noch größere Wut der Frauen. Sie würden ihre Männer noch heftiger als Schlappschwänze beschimpfen. Vorerst beschimpfen sie sie als Machos und Gewalttäter. Frauen haben eben immer recht.

RATSCHLAG FÜR FRAUEN

Zeigen Sie Ihren Männern, dass Sie sie lieben. Wie? Indem Sie aufhören, »sexuelle Gunst« zu gewähren. Zeigen Sie ihnen, dass sie von gleichberechtigten Bedürfnissen ausgehen. Beide Geschlechter lieben und begehren, beide brauchen sich. Geben ist seligmachender als Nehmen, vor allem dann, wenn damit keine Gegenforderung verbunden ist.

Belästigung

Zur Verunsicherung der Männer, wie weit sie bei einer Kontaktaufnahme gehen können, gehören zwei Dinge: Da ist einmal die immer offenherziger werdende Kostümierung von Frauen. Und da ist zum anderen der immer rigider gehandhabte, gesetzliche Schutz der Frauen vor sexueller Belästigung.

Wenn Männer den Signalen der Frauen folgen, geraten sie schnell auf Irrwege. Das war zu allen Zeiten so. Aber heute hat sich die Lage zugespitzt. Frauen denunzieren Männer schnell als potentielle Vergewaltiger, aber Kleidung und Gebaren locken Männer unverhohlener an, als es jemals der Fall war.

Es wurde schon oft darüber diskutiert, ob es einen Zusammenhang gibt zwischen offenherziger weiblicher Kleidung und anzüglichem Gebaren einerseits und männlicher sexueller »Angriffslust« andererseits. Aufsehenerregende Filme wie »Angeklagt« (The Accused, USA 1988) oder auch »Thelma und Louise« (Thelma & Louise, USA 1991) thematisieren diesen Stoff.

Frauen haben immer betont, aufreizende Kleidung sei ihre Sache und dürfe keinen Freibrief für Männer mit Vergewaltigungsphantasien bedeuten. Das ist richtig, denn einen Freibrief für aggressive Männer darf es auf keinen Fall und in keinem Begründungszusammenhang geben. Es stimmt aber auch, wenn Männer argumentieren, aufreizende Kleidung bei Frauen sende Signale aus, denen sich kein Mann entziehen könne, gerade deshalb sendeten ja Frauen diese Signale aus.

Ein offensichtliches Dilemma. Wo liegt die Lösung?

Eine »Anmache« durch Frauen sollten Männer nicht überbewerten, sie unterliegt einem alten Spiel. Die Reaktionen von Männern darauf sollten aber auch Frauen nicht überbewerten, sie unterliegen dem alten Reiz-Reaktions-Schema. Beide Seiten sind sich ihres Tuns voll bewusst und beziehen die Reaktionen der anderen Seite von vornherein mit ein. Jeder Ruf nach dem Gesetzgeber stört das Geschlechterverhältnis nachhaltig.

In einer aufgeklärten und selbstbewussten Gesellschaft, wie wir sie in den westlichen Demokratien propagieren, muss gelten: Ohne den Gesetzgeber kann sich der sexuelle Dialog leichter und natürlicher selbst regulieren.

RATSCHLAG FÜR MÄNNER UND FRAUEN

Beide Seiten werden solange nicht reif für den Liebesreigen sein, wie sie angesichts erotischer Kommunikation nach dem Gesetzgeber rufen. Beide Seiten müssen sich klar darüber sein, wie ihr Verhalten beim jeweils anderen ankommt. Da gelten keine Ausreden. Wem das Verhalten des Gegenübers – Belästigung, Berührung, Anmache, Flirt, aufreizendes Gebahren usw. – nicht gefällt, der sollte das dem anderen sofort entschieden und eindeutig klarmachen. Jede Entschiedenheit, auch in einer zunächst verletzenden Ablehnung, ist besser als zweideutige Passivität oder überzogenes Handeln im falschen Moment.

Jede Seite muss davon ausgehen, dass die andere gutwillig ist und die besten Absichten hat – auch wenn das gereizte Klima in unserer Zeit eine solche Sicht schwermacht.

Sexuelle Gewalt

Wir leben in einer sich unaufrichtig verhaltenden Kultur.

Man sagt uns, dass Männer um Frauen werben und Frauen ihre Gunst an den zu vergeben haben, der ihnen die größten Vorteile bietet. In den Genuss von Sex und Schönheit der Frauen gelangt ein Mann nur, wenn er in der Lage ist, die Frau zu beschützen und für die zu erwartenden Kinder zu sorgen. Die Frau ist in dieser Sicht der Dinge eine Art genetische Droge für den Mann, und der Mann ist in dieser Sicht der Dinge eine Art Versicherungsvertreter für den gesellschaftlichen Nachwuchs.

So waren die Rollen bisher verteilt. Und das Ganze nannten wir Liebeskultur oder abendländische Moral.

Frauen werden in einer solchen Interpretation auf den Status von schönen Mädchen reduziert, für die wir alles regeln. Für die Männer bleibt die Rolle des väterlichen Soldaten, der für Ruhe, Ordnung und Einkommen verantwortlich ist. Beim Scheitern der Programme wird allein er zur Rechenschaft gezogen. Frauen und Kinder hielt man ja in unselbständiger Abhängigkeit. So werden Frauen und Kinder diskriminiert. Allerdings zu ihrem Vorteil. Und so werden Männer diskriminiert. Zu ihrem Nachteil.

Frauen gelten als die biologischen Ressourcen unserer Gesellschaftsordnungen, sie sichern uns das »Überleben«. Infolgedessen wird jede Übertretung ihrer Schutzräume – wie die Überschreitung der Schutzräume im militärischen Sicherheitsbereich – mit Höchststrafen belegt. Der Staat kümmert sich mit überdimensionalen Sorgenfalten um die Unversehrtheit des weiblichen Geschlechts. Deshalb gilt beispielsweise Vergewaltigung von Frauen nicht nur als das schwere Delikt, das es tatsächlich ist. Es wird in der Bestrafungsordnung drakonisch »aufgewertet« und mit fahrlässiger Tötung und versuchtem Totschlag gleichgesetzt.

Männer, die Frauen vergewaltigt haben, werden oft noch härter angefasst als Frauen, die Männer getötet haben. Denn es gibt für männliche Vergewaltiger keine strafmildernden Ausreden, die sich auf ihre Geschlechtszugehörigkeit beziehen. Für Mörderinnen jedoch gibt es insgesamt ein Dutzend. Diese Ausreden, die vor Gericht berücksichtigt werden, reichen vom prämenstruellen Syndrom über das Wochenbett-Syndrom bis zum Komplex der »erlernten Hilflosigkeit« und der »Frau-unter-männlichem-Einfluss-Theorie«. Von der selbstverständlich angewendeten weiblichen Taktik, für von Frauen begangenes Unrecht immer männliche Vorausschuld und damit ein Notwehrrecht per se geltend zu machen, ganz zu schweigen.

Der Gesetzgeber hat sich die Argumentation der feministischen Seite zu eigen gemacht, dass Vergewaltigung eine brutale und eiskalte Demonstration männlicher Macht ist. Mit Emotionen, also etwa sexueller Anziehung und Frustration, hat sie angeblich nichts zu tun. Und nichts mit enttäuschter, männlicher Liebe, Verwirrung und Leidenschaft. So werden die Ursachen nicht gründlich genug erforscht; man geht davon aus, dass Männer eben so sind. Und es wird mit dem Thema Vergewaltigung Politik gemacht. Denn mehr als die Hälfte der Wähler sind Frauen. Um deren Stimmen zu bekommen, verbiegen die Politiker das Gesetz.

Jedes Verbrechen, das an Menschen verübt wird, die durch rohe Gewalt zu Opfern werden, ist abscheulich, zieht schwerwiegende seelische und körperliche Schäden nach sich und muss mit der höchst zulässigen Strafe geahndet werden. Die Gewalt muss bestraft werden, nicht das Ziel der Gewalt.

Frauen sind nicht schützenswerter als Männer. Dies allein schon deshalb nicht, weil statistisch gesehen weitaus mehr Männer als Frauen Ziel und Opfer von Gewalt werden.

RATSCHLAG FÜR FRAUEN

Es ist leider so: Solange die Gesellschaft Männer aus rein gesellschaftlichen Gründen auf Frauen dressiert, damit sie dem Staat den familiären Nachwuchs garantieren, den dieser fordert – man kann auch sagen: sie unter weiblich-erotischem Einfluss irrationale Dinge tun lässt, die gar nicht in ihrem rationalen Interesse liegen –, werden Männer Frauen als Sexualobjekte ansehen. Und deshalb auch Vergewaltigungsphantasien haben. Ich bitte meine Leserinnen, diesen Satz in seiner ganzen Bedeutung einmal zu durchdenken und zu überlegen, was zu tun ist.

Denn getan werden muss etwas. Nicht indem wir das weibliche Lamento verstärken, sondern indem wir Männern helfen, ihre destruktiven Dispositionen zu verändern.

Schlechtes Gewissen

Wir erlauben uns nicht, Frauen neu zu sehen. Wir haben Angst davor. Nur manche Feministinnen sehen Frauen neu. Aber das »neue« Bild, das sie entwerfen, hat den trüben Schimmer der Lüge. Denn dies Bild versucht, uns Frauen anzupreisen, wie Werbespots einen neuen Markenartikel anpreisen. Aber brauchen wir diesen neuen Markenartikel Frau?

Männer versagen es sich, Frauen neu zu sehen, weil sie ein schlechtes Gewissen besitzen. Das männliche Individuum lässt sich einreden, an der Macht der letzten Jahrtausende teilgenommen zu haben, die Frauen unterdrückt und auf dem Scheiterhaufen verbrannt zu haben. Wieviel Schuld haben wir auf uns geladen! rufen sie und schlagen sich masochistisch gegen den Kopf. Männer wollen nicht sehen, dass sie selbst auf dem Scheiterhaufen standen. Man hat sie als männliche Sklaven gleich mitverbrannt. Jeder Mann hat sein Opfer gebracht. Die Geschlechterrolle, die er ausfüllen musste, hat ihn restlos geschafft. Warum sollte er also ein schlechtes Gewissen haben?

Die Frauen werden keine neuen Bilder von sich entwerfen, mit denen wir in dem Sinn etwas anfangen könnten, dass wir das Eingeständnis ihrer Verantwortlichkeit am Zustand der Allgemeinheit erkennen. Warum sollten sie auch, solange sich Männer wie Berserker dafür zuständig erklären? Männer müssen also die neuen Images selber malen, dann werden Frauen ihnen dabei helfen, das Bild fertigzustellen.

Das schlechte Gewissen der Männer rührt auch noch woanders her. Sie ahnen, dass sie ohne die Mütter und die kleinen Mädchen nichts sind. Ohne Pause definieren sie sich über Frauen. Lebenslang kommen sie nicht von ihren Müttern los, deren Ansprüche sie nicht erfüllen konnten, und lebenslang wollen sie deshalb für ihre Frauen sorgen, die kleine Mädchen geblieben sind, weil man sie auf diesem Niveau hält.

In einer solchen Rollenfalle, für andere sorgen zu wollen und zu müssen, sitzen Männer und rütteln nur zum Schein an den Gitterstäben. Eigentlich sind sie damit ganz zufrieden, wenn nur ein kühles Bier bereitsteht. Damit betäuben sie dann ihr schlechtes Gewissen. So sind Männer, und Frauen haben recht, wenn sie dies beklagen.

RATSCHLAG FÜR MÄNNER

Malen Sie sich selbst aus, was Sie für eine Frau wollen. Überlassen Sie es nicht den Frauen, sich Ihnen aufzudrängen. Und vor allem schließen Sie Ihre herunterhängende Flappe, wenn Sie einer hübschen, selbstverliebten Frau hinterherstarren. Sparen Sie die Blicke lieber für sich selbst auf, schauen Sie in sich hinein. Und erinnern Sie sich, wer Sie sind!

Die sexistisch beschlagene Brille

Wenn Männer einen angestrebten Job nicht erreichen oder aus einer Stellung entlassen werden, machen sie niemals sexistische Verhältnisse dafür verantwortlich. Sie nehmen es selbstkritisch hin, ärgern sich gehörig, trinken ein Bier oder zwei und strengen sich beim nächstenmal um so mehr an.

Erreicht eine Frau einen angestrebten Job nicht oder wird aus einer Stellung entlassen, macht sie dafür oft genug sexistische Verhältnisse verantwortlich. Es war eine Benachteiligung, weil sie eine Frau ist, nicht weil sie möglicherweise inkompetent ist. So vermeiden viele Frauen die Selbstkritik.

Ein Beispiel: Die erfolgreiche Talkshow-Moderatorin Bettina Böttinger, die im WDR die Sendung »B. trifft« präsentiert, konnte im Ersten Programm der ARD nicht landen. Die »Frankfurter Rundschau« berichtete darüber. Sie schrieb: »Im Geschlechtsunterschied sieht die Moderatorin den Hauptgrund, dass der WDR sie mit der Sendung ›B. fragt‹ ganz schnell wieder fallen ließ, als es schlechte Kritiken hagelte und die Quoten mäßig waren.«

Obwohl es »schlechte Kritiken hagelte und die Quoten mäßig waren«, führt Frau Böttinger unbeirrt ihre Geschlechtszugehörigkeit als Grund für ihre Erfolglosigkeit ins Feld. Kein Mann käme bei gleicher Sachlage auf diese Idee! Frau Böttinger dürfte davon ausgehen, dass jeder sie sehen will, egal, wie gut oder wie schlecht sie ist. Das nenne ich einen glasklaren Blick durch eine sexistisch beschlagene Brille.

In den Medien dominieren inzwischen die Frauen. Das liegt daran, dass die Sender fast nur noch Frauen ansprechen wollen, denn diese geben als Konsumenten weitaus mehr Geld aus als Männer, sind also für die Werbung wichtiger, die wiederum die Programme beeinflusst. Kaum eine Sendung, und schon gar nicht irgendeine neu ins Leben gerufene Sendung, verzichtet auf eine Frontfrau.

Männer besitzen offenbar keine Chance mehr, ihr erotischer Charme reicht nicht aus, um im deutschen Fernsehen, das nicht mehr auf Charakterköpfe, sondern auf hübsche Fassaden setzt, Informationen an die Seher zu bringen. Zumal es um Informationen ohnehin immer weniger geht. Männer werden aufgrund der Zugehörigkeit zu einem bestimmten Geschlecht, nämlich dem männlichen, ausgesondert, die Fernsehprodukte werden über Frauen verkauft.

Über solchen Sexismus diskutiert kein einziges feministisches Seminar. Wir haben uns jedoch daran gewöhnt, Sexismus zu schreien, wenn wir männliches Verhalten meinen. Sexismus mit einem Verhalten von Frauen, die aufgrund ihrer biologischen Vorzüge Vorteile erlangen, in Verbindung zu bringen, ist unüblich.

Natürlich arbeiten Männer an diesen Verhältnissen kräftig mit. Ebenso, wie sie es selbstverständlich finden, dass Beziehungsliteratur in Buchläden in der »Frauenecke« steht, glauben sie, dass bestimmte Themen von Frauen und für Frauen reserviert sind. Diese Themen lauten: Gefühle, Partnerschaftsprobleme, Benachteiligung am Arbeitsplatz, Niedriglohnjobs, Belästigung, Sozialverhalten, Erziehungsfragen. Männer tun so, als gingen sie diese Themen nichts an. Es sind Frauenthemen! So lassen sie sich den verantwortlichen Umgang mit sich selbst und mit dem Geschlechterverhältnis aus der Hand nehmen und verlieren die Kontrolle über ihre Gefühlswelt.

Männer lassen es auch zu, dass man sie als »Frauenfeinde« beschimpft, wenn sie Frauenverhalten kritisieren. Wenn sie Männerverhalten kritisieren, gelten sie dagegen nicht als »Männerfeinde«, sondern als – »Frauenfreunde«. So dreht sich alles ausschließlich um Frauen – und Männer sind damit zufrieden.

Ich habe dies in Talkshows oft erlebt. Unsere Medienlandschaft ist von einem Brodeln der Frauenthemen geradezu erfüllt. Männerthemen werden unter der Rubrik abgehandelt: Wie oft prügelte er seine Frau ins Frauenhaus!

Diese Sicht der Dinge kommt dem herrschenden Interesse entgegen. Und damit kommt es jenen Politikern zugute, die unter der Maske der Besorgtheit ungeniert bei den Frauen auf Wählerfang gehen. Zwei Beispiele:

In der »Frankfurter Rundschau« vom 4. November 1997 war unter der Titelzeile »Jede vierte junge Frau Opfer sexueller Gewalt« folgendes zu lesen: »Jeder vierte weibliche Teenager ist nach einer Studie der Universität Potsdam bereits mindestens einmal Opfer sexueller Gewalt geworden. Wie die Universität am Montag in Potsdam mitteilte, gaben jeweils gut sechs Prozent der befragten jungen Frauen an, vergewaltigt worden oder das Opfer einer versuchten Vergewaltigung geworden zu sein. Zwölf Prozent erklärten, sexuell genötigt worden zu sein. Weitere 23 Prozent gaben an, sich unter psychischem Druck auf sexuelle Handlungen eingelassen zu haben. Das Institut für Psychologie hatte seit 1985 304 junge Frauen und 256 junge Männer zwischen 17 und 20 Jahren in Berlin und Brandenburg befragt. Fast jeder dritte männliche Befragte räumte ein, gezielt Drogen, Alkohol oder psychischen Druck eingesetzt zu haben, um sexuelle Interessen durchzusetzen. 3,2 Prozent wollen mindestens einmal sexuelle Gewalt ausgeübt oder angedroht haben. Ursache seien Minderwertigkeitsgefühle und der Erwartungsdruck von Gleichaltrigen, sexuell aktiv zu sein.«

Diesen Artikel wird man beim normalen Lesen unter der Rubrik abhaken: Da sieht man wieder einmal, Männer sind eben Vergewaltiger, und Frauen müssen auf der Hut sein. Denn wir wissen ja, dass unter heutigen Verhältnissen *Sex* als etwas angesehen wird, das *Männer Frauen antun.* Eine solche Haltung ist die heute vorherrschende Haltung, und Studien der genannten Art haben keine andere Funktion, als die Vorurteile zu bestätigen. Sie tun es bereits in der Art und Weise, *wie* gefragt wird, und in der Art und Weise, wie die Antworten interpretiert werden.

Dabei fällt kaum auf, dass die Überschrift (der Zeitung) eine glatte Lüge ist. Wenn gut sechs Prozent der Befragten angeben, vergewaltigt worden zu sein oder das Opfer einer »versuchten« Vergewaltigung geworden zu sein – was immer diese Kategorie bedeuten mag –, kann daraus rein rechnerisch nicht ein Prozentsatz von 25 Prozent aller jungen Frauen konstruiert werden. Was sexuelle Nötigung bedeutet, von der 12 Prozent der genannten »Teenager« berichten, steht ebenfalls in den Sternen. Und eine Angabe wie »sich unter psychischem Druck auf sexuelle Handlungen eingelassen zu haben«, von dem 23 Prozent aller Befragten reden, ist für jeden, der weiß, dass Erotik und Sexualität sich immer unter psychischem Druck ereignen, schlichtweg wertlos. Die Zahlenspielereien haben also insgesamt nur den einen Zweck, junge Männer zu Gewalttätern zu erklären.

Besonders interessant ist jedoch ein Nebeneffekt, der sich aus der Schlussbemerkung dieses Zeitungsartikels ergibt. Der erwähnte »Leistungsdruck von Gleichaltrigen, sexuell aktiv zu sein« ist die eigentliche Crux. Jeder junge Mann kennt diesen Druck. Er entspringt nicht persönlicher Charakterlosigkeit und hat auch nur mittelbar etwas mit Gruppendruck zu tun. Er entsteht einzig und allein aus der alten Rollenverteilung. Jungen müssen aktiv sein, und Mädchen bleiben passiv. Solange wir, die Gesellschaft, allein von jungen Männern und von Männern überhaupt eine Initiative erwarten und solange Frauen für Sex selbstverständlich eine Gegenleistung verlangen, werden Männer Vergewaltigungsphantasien haben. Oder werden vergewaltigen.

Das ist eine der schlimmsten Rollenfallen, in der Männer sitzen. Und wir dürfen davor nicht länger die Augen verschließen. Eine der Folgen davon sind eben jene überfüllten Regale mit »Frauenliteratur« in allen Buchhandlungen und Kaufhäusern, die Romane und Sachbücher massenweise verkaufen, in denen es um die Stichworte: Frauenfeindlichkeit und Frauenbenachteiligung, Männergewalt, Frauenwut und Frauenpower, starke Frauen, die zurückschlagen, und unerträgliche Machos geht, denen neuerdings auch noch das befruchtungsfähige Sperma auszugehen droht.

Ein Sammelsurium von Vorurteilen, mit denen Millionenumsätze gemacht werden. Dass Frauen jeden Tag durch ihr

Verhalten – ihr Verhalten in der alten Rolle – den unerfreulichen Geschlechteralltag, wie er ist, mitverursachen und mitgestalten, das will keine Frau hören. Aber genau so ist es.

Frauen wundern sich, dass die (Männer-)Welt ihnen so gegenübertritt. Dass dies unter Umständen nur eine Reaktion auf Frauenverhalten ist (Koketterie, Anmache, erotische Aufreizung), verstehen sie nicht. Frauen tun so, als wüßten sie nichts von der Macht des Minirocks, des Dekolletés, des Flirts, der Koketterie, des gleichzeitigen Ja-und-Neins, des käuflichen Sex, lieber reden sie von Männermacht. Es ist das alte Kommunikationsproblem Subjekt-Objekt oder Aktion-Reaktion.

In allen Münchener U-Bahn-Zügen kann man seit einiger Zeit Plakate sehen, auf denen steht: »Schluss mit der Gewalt von Männern gegen Mädchen!«

Auch ein solches Plakat ist – im Sinn meiner bisherigen Argumentation – ein Skandal: Nicht etwa, weil es tatsächliche Missstände benennt und ein gesellschaftliches Problem – das der Gewalt gegen Schwächere – in die Öffentlichkeit bringt. Sondern weil es suggeriert, die Gewalt (in U-Bahnen) würde von Männern gegen Mädchen ausgeübt. Das ist eine spekulative Verdrehung der wirklichen Problematik. Denn die ausgeübte Gewalt ist das wirkliche Problem, nicht ihre Absender und ihre Adressaten. Statistisch gesehen üben zwar Männer mehr Gewalt aus als Frauen, aber nicht weil sie Männer sind, sondern weil sie Gewalttäter sind. Und dies ist kein geschlechtsspezifisches Problem. Statistisch gesehen werden darüber hinaus mehr Jungen als Mädchen Opfer dieser Gewalt. Sie werden aber nicht erwähnt. Gehen wir davon aus, dass Jungen ganz selbstverständlich als Zielscheibe von Gewalt auf der Welt sind? Haben sie Gewalt – im Gegensatz zu Mädchen – verdient?

Der glasklare Blick durch die sexistisch beschlagene Brille stellt das männliche Geschlecht an den Pranger. Wenn Männer Gewalt ausüben, werden sie nicht als Gewalttäter, sondern als Männer angeprangert. Männliche Opfer dieser Gewalt werden jedoch nicht als männliche Opfer hingestellt, sondern als Gewaltopfer. Männer jeden Alters gelten also nicht als schutzwürdig, Frauen jeden Alters jedoch als unbedingt schützenswert.

Männer üben zwar Gewalt aus, aber noch weit häufiger verhindern sie Gewalt und retten Opfer von Gewalttaten – Tag für Tag. Diese Männer werden jedoch nicht erwähnt, obwohl gerade Frauen ihnen gegenüber dankbar sein müssten. Denn jeder Mann steht praktisch jederzeit gratis bereit, um Frauen vor Angriffen zu schützen oder aus misslichen Lagen zu befreien. Jeder Mann setzt blindlings sein Leben und seine Gesundheit ein, um angegriffene Frauen – oder Kinder – zu schützen. Umgekehrt ist das keineswegs der Fall. Wenn ein Mann um Hilfe schreit, denkt jede Frau, der Kerl wird das schon irgendwie verdient haben ...

Männer sollten sich daran erinnern, wenn Frauen – oder ihr selbsternannter Sachwalter und Ersatzehemann, der »Vater Staat« – ihnen vorwerfen, sie seien das gewalttätige Geschlecht. Männer sind sensible Wesen wie Frauen, sie wollen dementsprechend auch für gute Taten gelobt und nicht nur für böse Taten verurteilt werden. Insgesamt müssen wir unser Bild vom gewaltbereiten männlichen Geschlecht revidieren. Denn ich möchte nicht in einer Welt leben, in der Männer unter dem Druck der öffentlichen Meinung das Vorurteil, sie seien Mitglieder im Club der »Gewalttäter«, wirklich zu verinnerlichen beginnen.

RATSCHLAG FÜR MÄNNER

Männer sollten selbstbewusster werden, sie sollten sich sagen: Ein guter Mann kommt sicher in den Himmel, ein böser Mann kommt jedoch überall hin. Sie sollten in dem Sinn böse sein, dass sie kein schlechtes Gewissen bekommen, wenn man sie das gewaltbereite Geschlecht nennt, sondern sie sollten dann herausstellen, wie oft sie als das zum Schutz von Frauen und Kindern abgestellte Geschlecht durch aggressives Tun andere Menschen aus misslichen, gefährlichen, gewalttätigen Situationen gerettet haben.

Mit diesem Wissen sollten sie ihren Kritikern selbstbewusst entgegentreten, anstatt sich deren Druck zu beugen und die negativen Urteile nun schuldbewusst zu verinnerlichen.

Der doppelte Blick

Die Zugehörigkeit zu einem bestimmten Geschlecht garantiert den einseitigen Blick auf die Dinge. Männer und Frauen sehen und interpretieren die Verhältnisse jeweils ideologisch aus ihrer Sicht heraus, sie werfen den »doppelten Blick« darauf.

Zwei Beispiele dafür:

Männer, unter ihnen der Autor dieser Streitschrift, beschweren sich gern darüber, dass Frauen sich zwar für die Chefetage emanzipieren wollen, aber nicht für die schmutzige Arbeit, dass sie zwar alle Vorteile auf ihre Seite ziehen wollen, aber nicht die Nachteile, die Männern entstehen, etwa beim Einsatz in Katastrophengebieten, bei unangenehmen Tätigkeiten, bei Lebensgefahr, bei zeitlich und örtlich ungünstigen Arbeitseinsätzen oder beim Dienst mit der Waffe.

Frauen sehen das ganz anders. Frauen beklagen, dass Männer aus alter Tradition heraus noch immer ganze Sektionen der Gesellschaft als männliche Domäne gegen weibliche Ansprüche abschotten. Dass Männer beim Heer, in den Kirchen, bei Sekten und Geheimbünden, bei der Polizei oder Feuerwehr davon ausgehen, dies seien ausschließlich männliche Bereiche, in denen Frauen nichts zu suchen hätten.

Es mag Frauen so vorkommen, als verteidigten Männer auf dem Rückzug hier ein paar jämmerliche Privilegien. Und es mag sogar sein, dass Männer das genauso sehen und aggressiv vertreten. Das wären dann tatsächlich Rückzugsgefechte, denen ein baldiges Ende beschert werden muss.

Mir scheint es so zu sein, dass Frauen sich – mit Einschränkungen, wie bei der Polizei – aus den genannten Bereichen in Abwägung der Vor- und Nachteile liebend gern heraushalten. Es kann jedoch auch sein, dass Männer sie daraus heraushalten wollen, weil sie von der Idee des Frauen-beschützen-Müssens besetzt sind. Eine solche Haltung sieht in Frauen lediglich das Instrument einer biologischen Reproduktion des gesellschaftlichen Nachwuches, dessen Ressourcen nicht gefährdet werden dürfen.

Wenn es so ist, handelt es sich eindeutig um die Diskriminierung von Frauen – wenngleich zu ihren Gunsten. Denn ob es tatsächlich ein verteidigenswertes Privileg ist, die Waffe auf einen anderen anzulegen oder jemanden unter Lebensgefahr aus den Flammen oder kontaminierter Umwelt zu retten, sei dahingestellt. Der Soldat im Schützengraben, der Polizist und Feuerwehrmann, der Fahrer hinter dem Lenkrad des Gefahrentransporters werden geteilter Meinung sein. Und warum sich in bestimmten anderen Bereichen ausschließlich Männer tummeln, müsste aus der Tradition heraus untersucht werden. Es gibt auch Bereiche, in denen sich ausschließlich Frauen tummeln. Der gesamte Erziehungsbereich der Kinder und der interne Familienbereich, den Frauen »klimatisieren«, gehören dazu. Die gesellschaftliche Rollenteilung ergab nun einmal unterschiedliche Zuständigkeiten.

Beispielsweise scheint es wenig sinnvoll, dass Frauen in »emanzipatorischer« Euphorie sich im Boxring die Gesichter zertrümmern oder auf dem Eishockeyfeld die Knochen – oder Männer sich bei der Schwangerschaftsgymnastik oder in der Stillgruppe treffen. Aber in der Tat müssen die relevanten und eigentlich öffentlichen Bereiche ständig kontrolliert, für jeden zugänglich sein, und ein selbstgefälliges Besitzdenken organisierter »Alter Herren«, wie es das beispielsweise bei traditionell organisiserten Burschenschaften noch immer gibt, muss in Frage gestellt werden.

Ein anderes Beispiel betrifft den Themenkomplex der finanziellen Benachteiligung von Frauen.

Die »Frankfurter Allgemeine Zeitung« brachte Mitte des Jahres 1997 einen Bericht, in dem es um »klare Belege für die anhaltende geschlechtsspezifische Benachteiligung auf allen Ebenen« von Frauen ging. Die Kölner Sozialwissenschaftlerin Carola Möller »bezifferte den Anteil der Frauen, die ihre Existenz durch ein eigenes Einkommen sichern können, auf lediglich 27 Prozent«. Der Beweis, warum diese statistische Tatsache auf eine »anhaltende geschlechtsspezifische Benachteiligung« von Frauen zurückgeführt werden kann, wurde allerdings nicht geführt. Ebensowenig für die Behauptung, dass bei der zunehmenden Verschlechterung der Arbeitslage in Deutschland »die Frage nach menschenwürdigen Lebens- und Arbeitsverhältnissen unter den Tisch (falle), was sich besonders auf die Chancen der Frauen negativ auswirke«. Als hätten diese verschlechterten Lebens- und Arbeitsbedingungen nicht und gerade auch für Männer, die nach wie vor für die Versorgung ihrer Familie abkommandiert werden, die gleichen – wenn nicht sogar noch unangenehmere – Konsequenzen.

Der Artikel war überschrieben mit: »Noch immer sind drei Viertel der Frauen finanziell abhängig.« Eine männliche Sicht dieser Dinge könnte dagegen formulieren: »Noch immer partizipieren drei Viertel der Frauen am Einkommen ihrer Männer.« Doch vielleicht ist das ein Streit um den Bart des Propheten.

Ich führe diese Beispiele auch nur als Beleg dafür an, wie Fakten geschlechtsunterschiedlich interpretiert werden können. Und wir haben es uns nun einmal angewöhnt, dic Dinge aus der Sicht von betroffenen Frauen zu sehen und zu lesen.

Vergleicht man die Lage der Frauen mit der Lage der auf gleicher Ebene agierenden Männer, dann gibt es kaum Unterschiede zwischen den Geschlechtern. Wir dürfen natürlich nicht Frauen am Fließband in der bayerischen Provinz mit Männern in der Chefetage von Hamburg oder Berlin vergleichen. Ein solcher Vergleich, der Frauen als unterprivilegiert und Männer als privilegiert hinstellt, hinkt und schürt nur Wut und Aggressionen, und er führt zu falschen Ergebnissen. Und wenn wir konstatieren, dass Frauen am Fließband für die gleiche Arbeit weniger verdienen als Männer – was in der Tat der Fall ist –, dann müssen wir überlegen, ob Männer nicht per Gesetz auch zu mehr *Abgaben* verpflichtet sind als Frauen oder mehr Belastungen tragen – Stichwort »Zahlzwang«.

Im Zusammenhang damit klagen Frauen oft darüber, dass sie die schlechtesten Arbeitsplätze einnehmen müssten. Das stimmt nur dann, wenn man schlechte Bezahlung und fehlende Aufstiegsmöglichkeiten zugrunde legt. Ein schlechter Arbeitsplatz definiert sich jedoch noch nach anderen Kriterien, und diese treffen sämtlich auf die Tätigkeit von Männern zu. Es sind: Gefährlichkeit, Unbequemlichkeit, Erreichbarkeit, Stress, Gesundheitsgefährdung, Einsatzbereitschaft, zeitliche Verfügbarkeit. Eine Frau, zumal dann, wenn sie Familie hat, wird niemals an beliebigen anderen Orten einsetzbar sein, von einem Mann verlangt man das jederzeit. Er kann herumgeschoben werden wie eine Schachfigur. Dies ist die Realität von Männern, nicht von Frauen, und wir erwarten, dass sie sich darin fügen.

Noch eines: Die Tätigkeiten, in denen das gesundheitliche Risiko am größten ist, ja wo die Möglichkeit eines tödlichen Unfalls *von vornherein mit einkalkuliert wird*, werden ausschließlich von Männern ausgeübt, die uns die Gefahren aus dem Weg räumen. Stellen Sie sich vor, wir würden das Risiko eines tödlichen Unfalls von Frauen von vornherein mit einkalkulieren!

Hierzu ein paar Zahlen: Die angezeigten Arbeitsunfälle im Jahr 1996 verteilen sich wie folgt: Männer 1.306.999, Frauen 350.315. Das Unfallrisiko liegt also etwa im Verhältnis von 4 : 1 zuungunsten von Männern. Bei den tödlichen Arbeitsunfällen ist diese Quote noch signifikanter. Es starben 1.402 Männer und 121 Frauen, das ergibt etwa ein Verhältnis von 12 : 1 zuungunsten der Männer.

Bei den anerkannten und neuen Berufskrankheiten klafft die Geschlechterschere ebenfalls weit auseinander. Die meisten Erkrankungen liegen hier vor: 1. Kohlebergbau (Männer 4.449, Frauen 10), Herstellung von Metallerzeugnissen (Männer 3.572, Frauen 96), Baugewerbe (Männer 3.718, Frauen 54). Die höchste Zahl der weiblichen Berufskrankheiten liegt für 1996 mit 340 Fällen im Ernährungsgewerbe.

Die Zahlen des Statistischen Bundesamtes Wiesbaden zeigen insgesamt, dass Männer dort arbeiten, wo die Unsicherheit am größten ist, und Frauen dort arbeiten, wo die Sicherheit am größten ist.

So sieht die Arbeitsrealität im Geschlechterverhältnis aus. Die Realität einer Handvoll Top-Manager in den Chefetagen jedenfalls, auf die sich Feministinnen gern und dauernd beziehen, scheint mir mit dem wirklichen Geschlechterproblem so gut wie nichts zu tun zu haben. Es ist ein Problem aus dem wirtschaftlichen Führungsbereich, nicht aus dem Emanzipationskampf. Denn erstens ist es so, dass keine einzige Frau, die je die Führungsetagen erreichte, sich aufgrund der dort herrschenden Strukturen anders verhielt als ihre männlichen Kollegen – das zeigen die Erfahrungen. Und zweitens: Auch normale Männer erreichen im allgemeinen die Führungsetagen nicht und müssen das Gebaren der Vorstandsvorsitzenden und Manager ohnmächtig über sich ergehen lassen.

Aber die Fixierung der feministischen Seite auf den hinkenden Vergleich hat die Frauen der westlichen Welt in den letzten zwanzig Jahren in Wut versetzt. Sie haben die feministischen Argumente übernommen, männliche Chefs mit weiblichen Fließbandarbeiterinnen verglichen und infolgedessen Männer zu privilegierten Patriarchen erklärt.

Sie haben dabei übersehen, dass unsere Straßen bevölkert sind von unterprivilegierten, ausgebrannten Männern, die beinahe jede Arbeit annehmen, um Frau und Kinder zu ernähren. Um diese Mehrheit der Männer machen jene Frauen einen weiten Bogen, die sich Theorien ausdenken, mit denen sie Frauen in die wenigen Spitzenpositionen der Wirtschaftswelt hieven wollen.

Es ist eine Tatsache, dass Männer heute eine Lebenserwartung haben, die rund sieben Jahre kürzer ist als die von Frauen. Wäre es umgekehrt, könnten wir in den Massenmedien hören, dass dies ein Beweis für die weibliche Unterprivilegierung und Benachteiligung sei. Es ist aber nicht umgekehrt, und doch spricht niemand von der offensichtlich größeren Belastung von Männern gegenüber dem weiblichen Geschlecht. Also von ihrer Unterprivilegierung und Benachteiligung.

Männer sterben sieben Jahre früher als Frauen. Ist das ein Beweis für Männermacht? Ist es ein Beweis für die Unterdrückung von Frauen, ein Beweis dafür, dass Frauen härter, länger, unterprivilegierter arbeiten als Männer?

RATSCHLAG FÜR MÄNNER

Männer sollten sich angewöhnen, ihren beruflichen Alltag selbstbewusster zu erleben. Sie sollten den Wert ihrer Arbeit würdigen und sich nicht einreden lassen, sie nähmen dadurch irgendjemandem etwas weg oder stifteten Unheil.

Sieben Jahre weniger Leben – wieviel Prozent mehr Trotz, Stolz, Empörung, Selbstbewusstsein und »Jetzterstrecht« pro Tag ergibt das?

Rollenspiele

Dass Männer die Macht haben oder sie jemals hatten, ist zwar eine Grundannahme, aber trotzdem falsch. Männer haben sich unter diesem Etikett nur begeisternd ausbeuten lassen. Sie haben sich klaglos aussortieren und in den Tod schicken lassen, damit Frauen und Kinder leben.

Frauen waren in der Geschichte immer das Sinnbild für Fruchtbarkeit und haben es gern verkörpert. Um ihre Frauen zu Hause, die sich um den Nachwuchs kümmerten, wirksam zu schützen, rannten Männer seit 30.000 Jahren mit scharfen Waffen umher und hielten alle Feinde (Männer) davon ab, ihre Familien zu belästigen.

War es ein Ausdruck von Männermacht, wenn der biblische König Salomon siebenhundert Ehefrauen und dreihundert Nebenfrauen um sich versammelte? Ja und nein. Ja, weil umgekehrt keine Frau ebensoviele Beschäler ihr eigen nennen konnte. Nein, weil Salomon für alle diese Frauen verantwortlich war. Er musste zwar nicht für sie schuften, das besorgten andere (Männer), aber er musste sie dennoch durchfüttern. So blieben auch Frauen geschützt und am Leben, die vielleicht keinen anderen Mann (Beschützer, Ernährer) gefunden hätten. Salomon schaffte für sie an. Er prostituierte sich als König, und die – diskriminierten – Frauen hatten den Vorteil davon.

König Salomon gilt als Vorbild für alle Männer. Für ihre Omnipotenz-Phantasien ebenso wie für ihren nüchternen Zahlzwang. Und die Frauen reiben sich insgeheim die Hände über ihren tüchtigen, selbstgefälligen Oberaufpasser.

Männer waren seit den Zeiten des keulenschwingenden Neandertalers – der allerdings, wie wir heute wissen, in einer uninteressanten humanen Nebenlinie endete – dauernd auf der Suche nach der Frau, ohne zu begreifen, dass die Frauen eigentlich auf der Suche nach sich selbst sind. Sie schlugen durchaus auch die umgekehrte Richtung ein und waren auf der Flucht vor der Frau – ohne zu begreifen, dass sie auf der

Flucht vor sich selbst waren. Zu diesem einfachen Gedanken waren sie nie in der Lage. Sie rannten Frauen nach oder vor ihnen davon, die Richtung machte keinen Unterschied. Hauptsache war, sie blieben nicht bei ihresgleichen und waren unterwegs

Das muss etwas zu tun haben mit den traumatischen Erfahrungen von Männern, als sie kleine Jungen und heranwachsende junge Männer waren.

RATSCHLAG FÜR FRAUEN

Ermuntern Sie Männer, die stark genug sind, bei sich zu bleiben. Sie bilden die Minderheit. Aber ihre Stärke ist es, auch einmal schwach sein zu können. Denn dies sind Männer, die nicht dauernd auf der Flucht vor sich selbst sind. Und sie haben es auch nicht nötig, vor Frauen davonzulaufen. Glauben Sie mir: Entgegen der landläufigen Meinung sind die untauglichsten Männer diejenigen, die den Frauen dauernd nachlaufen. Mit solchen Männern fängt jedes Unglück an.

Jungen werden zurückgewiesen

Heranwachsende, junge Männer sind im Dilemma. Sie möchten gerne Zärtlichkeit, Vertrauen, Intimität, aber damit erzeugen sie Verachtung bei jungen Mädchen, die blind sind vor anerzogener Eitelkeit. Deren Mütter haben sie darauf getrimmt, »Nein« zu sagen, bis die Kerls bezahlen können. So haben Mädchen ihre Hauptlektion gelernt, dass sie Liebe und Sex zu verkaufen haben. Infolgedessen weisen sie Jungen zurück.

Und diese lernen, Zurückweisung zu verarbeiten. Sie werden hart und härter. Dann melden sie sich freiwillig zur Bundeswehr.

Jungen bekommen den Eindruck, das einzige Geschlecht zu sein, das Liebe und Sex will. Mädchen wollen davon nichts hören. Sie spielen und kokettieren mit ihren Reizen, machen Jungen scharf und geben ihnen dann den Laufpass.

Junge Männer machen sich ihr Bild von den Mädchen: von den Schicksen, die positive Signale ausgesendet haben und dann die Jungs scheinbar entrüstet zurückweisen. Wenn Jungen lernen, dass sie es sind, die »immer nur das Eine wollen«, dann verletzt sie die Zurückweisung tief. Es ist der Beginn eines traumatischen Misstrauens von männlichen Machtlosen gegenüber »mächtigen« Mädchen und Frauen. Dies ist der Moment der ersten Beschädigung der sexuellen Identität von jungen Männern, die sich später durchaus gewalttätig äußern kann. Nur Mädchen und Frauen, die nicht gelernt haben, sich für die gesellschaftlichen Kreisläufe verantwortlich zu fühlen, machen sich davon keinen Begriff.

Die zurückgewiesenen Jungen übernehmen dann auch noch die Folgekosten, weil sie sich selbst für das zum Erfolg verdammte Geschlecht halten. Sie glauben von da an, Frauen seien ebenso (zweideutig) und Männer müssten da durch. Sie lassen die Muskeln spielen und machen Karriere. Von ihren Gefühlen entfremden sie sich. Das werden Frauen später zu spüren bekommen und ihnen dann vorwerfen.

Es kann durchaus vorkommen, dass Männer unter solchen Umständen zu Monstern werden, Frauen misshandeln und auch sonst ziemlich ekelhaft sind. Dabei dürfen wir jedoch nicht vergessen, dass die wildesten Männerphantasien und -taten nur Ausdruck der Angst von Männern, also der ewig zurückgewiesenen Jungen sind, vor Frauen zu versagen. Und das liegt auch an einem unaufgearbeiteten Verhältnis der Männer zu ihren Müttern.

RATSCHLAG FÜR FRAUEN

Lassen Sie Ihre Männer nicht allein mit der Verantwortung für Sex, Familie, Geldverdienen, Potenz, wirtschaftlichen Erfolg und Sozialprogramme und noch weniger allein mit den Kosten bei einem Scheitern bei all diesen Problemen. Denn solange wir Männer damit allein lassen, sind wir schuld an ihrer Flucht in die frustrierte Sprachlosigkeit, abgrundtiefe Verwirrung und blinde Berserkermentalität.

Mütter und Männer

Ein Junge kommt sein Leben lang nicht von seiner Mutter los. Denn sie hat ihm ein Schuldbewusstsein eingepflanzt. Dies tat sie nicht mit Worten, sondern mit Gesten, in permanenter Zuwendung und liebevoller Zärtlichkeit, in Fürsorge und mit der stetigen Erwartung, dass er ein ganz Großer werde.

Während Mädchen dieses Mutterprogramm übernehmen und es später an ihre Söhne weitergeben, gehen Jungen psychisch oft daran zugrunde. Einsam und stur gehen sie damit in die Welt und stiften Unheil. Denn keiner von ihnen kann der mütterlichen Erwartungsdrohung gerecht werden, so dukken sie sich ein Leben lang darunter weg.

Mütter stülpen sich über ihre Söhne. Sigmund Freud: »Einer Mutter wird unbegrenzte Befriedigung nur durch ihre Beziehung zu einem Sohn zuteil.«

Mit ihrem ganzen Wesen manipulieren die Mütter die männliche Nachkommenschaft. Für den Sohn ist dieser meist gewaltlose und verführerische Vorgang schwer zu deuten und um so abgründiger, je subtiler er verläuft; er erlebt ihn jedenfalls als Trauma des seelischen oder auch körperlichen Verschlungenwerdens. In der unterschwelligen Angst vor »den Frauen« lebt dieses Trauma in ihm fort. Und der zarte Knabe wächst heran zum starken Kerl und wird prompt zum Macho-Mann.

Der tiefliegende Grund dafür ist nicht das gesellschaftliche Vorbild von Männermacht, sondern die kindliche Erfahrung mit der übermächtigen Mutter, der es der Sohn rechtmachen muss. Je deutlicher der Sohn die Erwartung der Mutter spürt, ihr Held zu sein, desto schmerzhafter spürt er sein Versagen. Er ist zu klein, zu schmächtig, zu unvollkommen. Die Mutter hat ihn nicht an seinen realen Kräften gemessen, sondern an ihren eigenen Phantasien.

Der Versagenserfahrung des Sohnes wird die fortdauernde Versagensangst auf dem Fuß folgen und ihn real entwerten. Später wird er sich – wahrscheinlich dann an den falschen Objekten – für all die Niederlagen, in die ihn die gnadenlosen Mutterwünsche trieben, rächen.

Und seine hektischen Aktivitäten, beispielsweise viel Geld zu verdienen, werden ihn in Verruf bringen. Auch in den Ruf, »immer nur das Eine« zu wollen.

RATSCHLAG FÜR FRAUEN

Erziehen Sie Ihre Söhne nicht dazu, Ihr Ersatzehemann zu werden. Je mehr Sie Ihre Wünsche und Sehnsüchte auf den Sohn übertragen, je inniger Ihrer beider Beziehung ist – und je unbefriedigter Ihr Verhältnis zum eigenen Ehemann ist, desto sicherer erziehen Sie einen Terminator für den Geschlechterkrieg. Lassen Sie ihn zufrieden.

Männer wollen nur das Eine

Die Männer unseres Kulturkreises sind darauf trainiert, Geld heranzuschaffen. Das wollen sie, und das können sie. Und die Frauen sind darauf trainiert, ihre Männer bei der Stange zu halten. Deshalb denken sie immer nur an das Eine: an Verführung und Sex.

Männer werden zwar darauf dressiert, den Körper der Frauen zu erobern, doch ihre eigentlichen Interessen liegen woanders. Schafft es die Frau auch nur einen Augenblick lang nicht, ihn mit ihrem Anblick zu erregen, dann flieht er sofort zu den Nichtigkeiten, die für ihn zentral sind: Rasenmähen, Herumhämmern, Biertrinken, Autofahren, Fußballgucken.

Die Frauen, die nur an das Eine denken, zwingen die Männer, nur an dasselbe zu denken. Und die Männer, das schwache Geschlecht, unterliegen selbstverständlich. Sie haben nicht die geringste Chance, sich den verführerischen Attacken ihrer Frauen zu erwehren. Ja, sie dürfen dies nicht einmal. Es ist verboten. Es widerspräche der offiziellen Moral, die sagt: Frauen halten Männer bei der Stange.

Frauen denken nur an das Eine. Wie ist es möglich, dass sie diesen Tatbestand leugnen können, gleichzeitig dasselbe von Männern behaupten und alle Welt ihnen und nicht den Männern glaubt?

Es muss mit einer Art Zeitgeist zu tun haben. Es ist derselbe Zeitgeist, der behauptet, Männer seien an der Macht.

Absender (in Druckschrift ausfüllen)

Vorname

Name

Beruf Geburtsjahr

Straße

PLZ Ort

Diese Karte habe ich folgendem Buch entnommen:

Ihre Bestellung richten Sie bitte an Ihre Buchhandlung.

Bitte Briefmarke nicht vergessen

Verlagshaus Düsseldorf
PATMOS · ARTEMIS & WINKLER
BENZIGER · WALTER
Werbeabteilung
Am Wehrhahn 100

40211 Düsseldorf

RATSCHLAG FÜR FRAUEN

Reizen Sie das Begehren Ihres Mannes nicht aus taktischen Gründen, also achtlos und zynisch, sondern reizen Sie sein männliches Begehren als menschliches Begehren, dem Sie das eigene Begehren zur Seite stellen. Überprüfen Sie einmal, ob Sie oder Ihr Mann häufiger »an das Eine« denken. Kommen Sie zu dem Ergebnis, dass Sie es sind, dann ist Ihre Ehe auf Dauer gerettet. Denn dann sind Sie ehrlicher und weiter als das landläufige Vorurteil.
Und genau das sollten Sie ihm dann sagen.

Gesten und Fünfjahrespläne

Männer lassen sich gerne einreden, dass sie die Macht besäßen.

Da sie andauernd in öffentliche oder auch geheime Versammlungen strömen, in denen es um das Zerlegen eines Wildschweins oder Hirschbocks, um die Einrichtung von Kindergärten, um die Erfindung des Rades, um den nächsten Fünfjahresplan oder den Bau von Nebenstraßen geht, glauben sie, das Sagen zu haben. Frauen sehen das gelassen. Sie wissen genau, dass die nichtrationalen, nichtverbalen, körpersprachlichen, die emotionalen Vorgänge zwischen Menschen die bedeutend wichtigeren sind.

Also trainieren sie ihre Blicke, Gesten, Stimmlagen, Aufforderungen, Gangarten, Haltungen, Einflüsterungen, Aufreizungen – und haben damit großen Erfolg. Mit diesen Techniken besetzen sie einen Spitzenplatz im öffentlichen Interesse und besitzen darüber hinaus die eigentliche Macht im Staat, nämlich die psychische Macht über das andere Geschlecht.

Kluge Männer wissen um diesen Tatbestand allerdings schon immer. Kein Mann, der halbwegs bei Verstand ist, hat sich jemals einer Frau überlegen geglaubt oder die Überlegenheit der männlichen Rasse behauptet.

Hin und wieder – wenn sie sich ihrer Unterlegenheit wieder einmal klar bewusst werden – haben sie sich deshalb mit Gleichgesinnten abends in der Stammkneipe versammelt, um über ihre Frauen herzuziehen. Aber das bleibt privat, es dringt nicht in die Öffentlichkeit, ihre Frauen dürfen davon keinen Wind kriegen. Inzwischen bereiten die Frauen mit der erforderlichen Unschuld ihren nächsten Lidstrich oder Überrumpelungsfeldzug, ihre nächste Pose oder Kostümierung vor.

Dennoch bleiben die meisten Männer dabei: Wir haben die Macht, wir stellen den nächsten Fünfjahresplan auf. Und Frauen klopfen ihnen auf die Schultern und sagen: Genau, Jungs! Kluge Jungs! Weitermachen!

RATSCHLAG FÜR MÄNNER

Lasst Euch nicht einreden, Ihr besäßet die Macht. Wer denn von Euch? Auch wenn Ihr Euresgleichen im Parlament, im Fußballstadion, beim Untertagebau, bei der Müllabfuhr, im Schützengraben, an Schlachthaus-Fließbändern, als Schwertransport-Fahrer oder Waldarbeiter, Bückenbauer oder Bomberpilot, bei der Feuerwehr oder nach Bränden in Chemiefabriken begegnet, überlegt, ob Ihr freiwillig und aus ganzem Herzen dort seid. Wenn nicht – wer oder was hat Euch dorthin gebracht?

Männer glauben Frauen

Wenn es um den Austausch von Argumenten und Standpunkten geht, sind Männer vertrauensselig. Sie glauben ihren Frauen. Da diese das wissen, wenden sie einen Trick an. Sie sind angeblich hilfloser und schützenswerter – eine Art menschliches Biosphärenreservat, dem man nicht zu nahe treten darf. Spott darf mit Frauen ohnehin niemand treiben, und einen Blick zuviel legen sie oft genug als Belästigung aus.

Von dieser Position aus diktieren Frauen ihre Wünsche und Bedürfnisse an den Rest der Welt und erwarten selbstverständlich, dass diese sofort umgesetzt werden. Und das dürfen sie auch mit vollem Recht. Denn Männer überbieten sich darin, es den Frauen recht zu machen.

Männer gewähren ihren Frauen nur allzugern ein Versteck hinter ihrem breiten Rücken. Damit glauben sie, ihre Großzügigkeit zu demonstrieren. Frauen nutzen dies Versteck, um die Mär, sie seien beschützenswerte Wesen, weiterzuerzählen. Anmut und Ausdruck, Schönheit und Sanftmut sind die offenen Geheimnisse der Frauen in der Arena der Aufmerksamkeit, und mit diesen Tugenden haben sie unsere Bewunderung und vor allem unsere Hilfe verdient. Männer schützen so gerne! Sie glauben sogar, sonst nichts weiter zu können! Das ist eine ihrer größten Rollenfallen.

Männer buttern, Frauen schöpfen den Rahm ab. Männer dienen zwar, aber da sie beschlossen haben, die Frauen für das schwächere Geschlecht zu halten, dienen sie mit gutmütigem Augenzwinkern oder klammheimlicher Arroganz. So ist und bleibt es zwischen Flensburg und Plattning.

Männer scheinen eher selbstgefällig, eitel und dumm als aufgeklärt, klug und großzügig, wie kämen sie sonst auf die Idee, Frauen brauchten beim Öffnen einer Weinflasche ihre Hilfe? Aber Frauen spielen natürlich auch geschickt diese Melodie. Weil sie kuschen, bilden Männer sich tatsächlich ein, Frauen seien ihnen unterlegen. So nehmen beide Seiten immer wieder ihre Plätze ein und konzentrieren sich ganz darauf, ihre Rollen perfekt zu spielen. Das erfordert ihre ganze Energie.

Frauen machen Männern klar, dass diese ihnen etwas schulden. Und Männer sehen das genauso. Denn die unerbittlich fordernde Haltung der Frauen wird mit Worten oder wortlos, mit Gesten, Blicken, Leidensmienen oder auch mit aggressivem Eifer zum Ausdruck gebracht. Darauf fallen Männer schnell herein, sie glauben ihren Frauen. Dann beschützen sie sie.

RATSCHLAG FÜR FRAUEN

Wenn Männer Euch trauen, enttäuscht sie nicht. Spielt nicht mit ihrem guten Willen und ihrer Naivität. Wenn Ihr diese verletzt, können Männer leicht unangenehm werden. Und dann solltet Ihr Euch daran erinnern, wo der Ausgangspunkt lag.

Die Auflösung männlicher Rollenfallen

Männer – die schweigende Minderheit

Es ist gleich, ob man den prozentualen Anteil der Männer in unserem Land mit knapp unter oder knapp über 50 Prozent beziffert – die Angaben schwanken. In beiden Fällen stellen Männer eine Minderheit dar. Warum? Weil sie schweigen.

Das ist im emphatischen Sinn gemeint. Denn Männer reden selbstverständlich viel. Überall schwafeln, labern, dröhnen sie herum, setzen sich in Positur, spreizen die Beine und machen Sprechgeräusche. Aber sie reden nicht wirklich, denn dies hieße, von sich selbst und den eigenen, wahrhaftigen Gefühlen zu reden. Darüber schweigen Männer. Sie haben es nicht gelernt. Ihre Frauen haben es gelernt, deshalb gelten sie als das Geschlecht, das an Beziehungsfragen interessiert ist. Männer sind daran ebenso interessiert. Sie haben es nur nicht gelernt, darüber zu reden.

Männer halten Dialoge für einen Risikofaktor. Da sie ihren eigenen Gefühlen entfremdet sind bzw. diesen nicht trauen, wagen sie nicht, etwas zu sagen, weil das sie entlarven könnte. Und die Image-Ingenieure der Postmoderne am Ende des Jahrhunderts liefern ihnen dazu die passenden Posen der Sprachlosigkeit.

Wenn man allerdings glaubt, die Männer seien am Ende, rappeln sie sich wieder auf und beginnen, als hätten sie den Ruf ihres Fitnesstrainers vernommen, mit ihrem aufdringlichen Männlichkeitswahn von vorn. Sie waren bisher so eingeklemmt in ihrer Rolle, ein tüchtiger Berserker zu sein, dass sie stolz darauf sind, als die Handwerker des Lebens zu gelten. Zu mehr reicht es bei den meisten Männern nicht mehr.

Irgendwann verlieren sie dann den Kontakt zu sich selbst und zu ihren Frauen. Und wenn sie am weitesten davon entfernt sind, glauben sie, ganz bei sich zu sein.

Wenn man Männer bisher fragte, dann wollten sie eigentlich immer ganz etwas anderes, sie wissen nur nicht mehr was, sie haben ihr Gattungsgedächtnis verloren. Stumm lungern sie in sich selbst herum, schweigend, auf Erlösung von sich selbst wartend. Sie teilen sich nicht mit, sie ärgern sich lieber über die anderen. So gesehen, sind sie die geborenen Hausmeister, eben Handwerker des Lebens.

Bei dieser Männerbeschimpfung dürfen wir jedoch nicht stehenbleiben. Denn Männer sind nicht glücklich und freiwillig in einer solchen Position. Ihr Verhängnis besteht darin, dass sie keinen verständnisvollen Blick mehr erwarten. Sie haben sich damit abgefunden, selbst verständnisvolle Blicke werfen zu müssen. Anders gesagt: die Gerätewarte der Frauen zu sein. Weil ihnen das aber nicht gefällt, stehen sie sich selbst im Weg, in ihnen wächst das Raubtier, das brüllt. Manchmal rennen sie blind vor Wut über sich oder den Nächstbesten davon. Oder saufen. Oder prügeln sich.

Mit solchen Männern ist kein Staat zu machen, und Frauen haben recht, sie zu verlassen oder bei ihnen zu bleiben und auf ihnen herumzuhacken. Aber auch diese Männer müssen verändert werden – denn andere gibt es nicht. Wir müssen ihnen klarmachen, dass es – auch – auf sie ankommt, dass ihr Lernen von den Frauen keine Selbstaufgabe ist, dass nicht alles beim alten bleiben muss, dass sie selbst nicht die alten bleiben müssen, nur weil alles andere sie, die pausenlos die Furchtlosen spielen, erschreckt.

Genauer gesagt: Wir müssen Männer ihren Rollen entziehen, die ihnen ein dumpfes, sprachloses Leben als Hilfsarbeiter des Daseins aufnötigen, die ängstlich den Gedankenmüll zusammenkramen, der ihnen bleibt.

Um das aufzulösen, sollte jede Frau mit ihrem Mann sprechen. Aber nicht (nur) über ihre eigene Selbstverwirklichung und nicht (nur) über das Austesten ihrer Ego-Phantasien. Sie muss mit ihm über *seine* Wünsche und Sehnsüchte sprechen. Und sie muss geduldig sein, auch wenn die Sprechpausen ihres Mannes lang sind. Sprechpausen können sehr beredt sein.

Leider ist es bisher meist so gewesen: Männer schweigen, oder Frauen haben etwas anderes zu tun. Aber selbst wenn die Männer einmal über Beziehungsfragen redeten, und zwar in einer Art und Weise, die ihre eigenen Ängste und Probleme wirklich ausdrückte, hörten die Frauen weg. Alle sind daran gewöhnt zuzuhören, wenn Frauen reden und ihre Probleme formulieren. Alle sind daran gewöhnt, von einer Verschwörung der Männer gegen die Frauen auszugehen und Frauen zu glauben, wenn sie behaupten, Männer wären für alle Ungerechtigkeiten verantwortlich, die Frauen erleiden – so sieht niemand die Ungerechtigkeiten, unter denen Männer leiden.

Die wenigsten Frauen haben deshalb auch einen Sinn dafür, wie verletzlich Männer sind, und wissen nicht, wie sehr Männer nur eines wollen: den Frauen gefallen, es ihnen recht machen. So ist es dazu gekommen, dass Frauen (und ihre Kinder) die Zweifel, Ängste, Sorgen und Hilferufe von Männern nicht hören. Sie wollen den starken Kerl, Beschützer und Vater, der es für sie richtet. Das wissen Männer – sie haben es seit jeher eingetrichtert bekommen, und sie halten sich daran.

Also schweigen sie. Das Um-Hilfe-Rufen entspricht nicht ihrem Rollenfach. Darauf sind die Frauen spezialisiert.

Ist es nicht naheliegend, dass sich deshalb Frauen über die Klagen von Männern nur lustig machen können? Vielleicht nicht naheliegend, aber es ist die Realität. Wo immer ein Mann darauf hinweist, welche Fehler die Frauen machen, ist ihm ein abwertender Kommentar sicher. »Jammer nicht!« heißt es dann verächtlich. Das Vorurteil steht felsenfest: Männer haben nicht zu jammern. Sind sie etwa nicht »das robuste Geschlecht«?

Dafür zwei Beispiele: Im Jahr 1996 veröffentlichte ich ein Buch mit dem Titel »Die Frauen sind an allem schuld«. Die Thesen dieses Buches liefen darauf hinaus zu behaupten, dass die meisten Frauen zwar die Vorteile der Gleichberechtigung für sich in Anspruch nehmen, die Nachteile jedoch ablehnen. Das Buch war eine ironische Schmähschrift aus Männersicht. Über die Thesen dieses Buches konnte man sich streiten – und man stritt sich. Es gab heftige Reaktionen von Männern und von Frauen. An dieser Stelle sollen uns jedoch nur zwei Passagen von weiblichen Rezensenten aus der Fülle der unterschiedlichen Stellungnahmen interessieren. Sie sind nicht besonders originell, dafür aber besonders typisch und repräsentieren so die Tendenz beinahe aller Kritiken, soweit sie von Autorinnen kamen.

In der November-Ausgabe 1996 der Zeitschrift »Psychologie heute« rezensierte eine Frau Unverzagt das Buch. Mit keiner einzigen Silbe auf anderthalb Seiten setzte sie sich mit der inhaltlichen Problematik auseinander. Sie packte das ekelhafte Problem, dass ein männlicher Autor es wagte, Vorwürfe gegenüber den Frauen als Gesamtgeschlecht zu erheben, nur von der Seite instinktiver Abwehr. Gehässig sprach sie von »diesem männerbewegten Autor«, von dem »Schmäher, der seine Geschlechtsgenossen über die Gefahren aufklären will, die von den Frauen drohen«. Weiter schrieb sie: »Hier haben wir den gar nicht so seltenen Fall eines ebenso gedankenvollen wie traurigen Mittfünfzigers und den ebenfalls nicht mehr so seltenen Fall, dass er für seine Ausführungen einen Verleger gefunden hat.«

Backlash ist das Zauberwort, das diese Rezensentin missbilligend wie eine Peitsche über dem Text schwang – die Männer schlagen angeblich zurück. Aber kein Wort zum Inhalt. Statt dessen in vernichtendem Hohn: »Ach, diese weidwunden Opfer raffiniert-weiblicher Unterdrückungspraktiken! ...«

Auf der Höhe dieser »Argumentation« befand sich auch eine Redakteurin mit dem Namen Bierle, die in der »Hör Zu« (Nr. 47/1996) glaubte, dem ketzerischen Buch einen Verriss schuldig zu sein. Sie schrieb: »Da spielt sich der Autor auf als der große Wortführer, um im Schweigen der Männer eine Stimme zu erheben. Da muss dieser arme Mensch den ganzen

Sommer im Caféhaus sitzen, um Frauenseelen zu ergründen. Und was kommt dabei heraus? 188 Seiten Gejammere, Selbstmitleid, Wehleidigkeit. Wir Frauen, so seine Weisheiten, sind also an Eurem Elend schuld. Wir wollen immer nur eines: Euer Geld. Euren Schutz. Eure Sicherheit. Lieber Herr Schulz, hätten Sie doch nur die Klappe gehalten, ... ich kann mein Bierle (nein, sie schrieb selbstverständlich: ›meinen Beaujolais‹, B.S.) selbst bezahlen ...«

In beiden Fällen sehen wir, dass Kommentatorinnen sich im Fall eines Versuchs, sich auch einmal um berechtigte Belange von Männern zu kümmern, damit beide Geschlechter einander besser verstehen, einfach nur die Schotten dicht machen. Männer sind das unterdrückende Geschlecht, Frauen sind die Opfer. Basta. Mit inhaltlichen Korrekturen an diesem Klischee muss sich eine emanzipierte Frau heute nicht auseinandersetzen.

Denn Frauen haben das Leid an der Gesellschaft, die sie für männerdominiert halten, für sich gepachtet. Sie wollen nur noch hören, dass sie leiden – und zwar zünftig. So wollen sie nur noch bestätigt werden. Sie wollen, dass wir alle allein ihnen zuhören. Männer haben »die Klappe zu halten«, Männer sind ja als die ein für alle Mal ausgemachten Monster an allem schuld.

Männer folgten bisher diesem Rat und hielten die Klappe. Sie glaubten, nichts zu sagen zu haben. Und vor allem wollten sie nicht »jammern«. Dass sie nun zu reden beginnen, das hat nichts mit »Backlash« zu tun. Männer wollen nicht »zurückschlagen«. Männer nehmen sich nur das Recht, die gleiche Redezeit einzuklagen, die Frauen inzwischen längst haben.

Wir müssen allerdings auch verlangen, dass sie wirklich *reden*. Gebrüllt haben Männer lange genug.

Hier ein Dialogbeispiel dafür, wie die Ängste von Männern im Gespräch mit Frauen weit unterschätzt, nicht wahrgenommen oder falsch ausgelegt werden.

In dem Fernsehfilm »Einer zahlt« geht es um ein junges, glückliches Paar, das in Hamburg zusammenlebt. Unmerklich schleicht sich in ihre problemlos, ja symbiotisch wirkende Beziehung – beide reden sich mit dem gleichen Kosenamen »Mike« an – Überdruss ein. Er wird dazu führen, dass die Frau, die Zeitungsangestellte Lucy Schwarz, ihren Freund, den Havarie-Experten Bernhard Biel betrügt. Der Mann verkraftet ihren Seitensprung aus emanzipatorischer Absicht nicht und landet in der Psychiatrie: Im folgenden Dialog zeichnet sich zum erstenmal ab, dass beide sich nicht mehr verstehen. Die Frau erkennt die angedeuteten Schwierigkeiten des Mannes nicht. Vielleicht trägt er sie zu verschlüsselt vor? Sie reagiert jedenfalls nur genervt.

Das Paar steht nebeneinander an der Binnenalster und sieht den Möven zu. Diese geschickten, lebenslustigen Tiere erhaschen ihr Futter im Flug.

Bernhard Biel (gedankenverloren die Vögel betrachtend): »Ich möchte auch mal so die Füße einziehen können.«

Lucy Schwarz: »Hm?«

Die Möven scheinen noch heftigere Kapriolen in der Luft zu vollführen. Biel wirft einige Brotbrocken nach ihnen, sie schnappen diese.

Bernhard Biel (leichthin, aber es scheint ihm sehr wichtig): »Ich habe das Gefühl, ich stehe auf der Erde wie von einem Magnet angezogen. Ich komme einfach nicht hoch.«

Lucy Schwarz (ohne großes Interesse): »Was haben denn die Füße damit zu tun?«

Bernhard Biel (überhaupt nicht komisch): »Na, das hier.«

Er stellt sich hin, springt in die Luft, zieht dabei die Beine an und landet immer um so schneller wieder auf den Füßen.

Lucy Schwarz (misstrauisch): »Was willst du mir eigentlich beweisen, sag mal.«

Bernhard Biel (hört sofort auf): »Ach nichts.«

Die Möven drehen ab. Das Paar dreht ebenfalls ab. Sie gehen am Wasser entlang, sehen sich dabei nicht an.

Bernhard Biel: »Ich muss verreisen.«

Lucy Schwarz: »Ja und? Wohin?«

Bernhard Biel: »Svendborg. Eine Havarie. Textiltransporter rammt Marmeladen-LKW.«

Lucy Schwarz (biestig): »Du redest manchmal wie der vom Tagesschau-Telegramm.«

Bernhard Biel (hoffnungsvoll): »Der Dicke?«

Lucy Schwarz (bleibt stehen): »Darauf kommt es doch im Moment gar nicht an! Im Moment kommt es darauf an, dass du nie richtig sagst, was los ist. Du gibst immer nur die Kürzestfassung.«

Bernhard Biel (ist weitergegangen, bleibt jetzt ebenfalls stehen, blickt sich erstaunt um): »Ach komm, Mike! Was soll das jetzt?«

Lucy Schwarz (total genervt): »Mike! Mike!«

Konkurrenzkampf

Aufgeklärte Männer haben es nicht nur mit Familienplanern und Feministinnen zu tun, sondern auch mit jenen eigenen Geschlechtsgenossen, die aus einer Heiratsschwindlermentalität heraus den Frauen nach dem Munde reden. Aufgrund ihrer eigentlichen Einstellung zu den Frauen bekämen diese Obermachos heutzutage kein Bein mehr in das Bett irgendeiner Frau. Weil sie immerhin clever genug sind, dies zu begreifen, machen sie eine Kehrtwendung und plappern nur noch nach, was Frauen von ihnen hören wollen. Dies sind die ärgsten Schurken und Feinde aller jener Männer, die ihren Rollenfallen ernsthaft entkommen wollen.

Windelweiche Männer, die nur noch mit Frauen kollaborieren und damit ihre eigenen Interessen verraten, haben längst klein beigegeben, weil sie angesichts der Verhältnisse völlig die Orientierung verloren haben. Man trifft sie jetzt in Frauenzentren, wo sie mit kreideweicher Stimme sagen. »Du, es ist unheimlich wichtig, dass Mann spült.«

Aus Abneigung vor diesen Müslimännern, die jeden Tag viel Zeit damit verbringen, sich die unverdächtigen Müslireste in den Mundwinkel zu schminken, grassiert auf der anderen Seite der Palette weiterhin ungebrochen der Männlichkeitswahn. Er wird verkörpert von den hyperaktiven Freizeitmännern in ihren Sportfreizeitanzügen aus Plastik, mit dem Markenlogo am Hemdkragen, die sich mit dem Gehabe von Extremsportlern durch die Fußgängerzonen unserer Städte schleppen und sich Frauen nur mit einem Killerinstinkt nähern. Das sind die Männer, die weitermachen wie bisher und jeden Fortschritt verhindern, die Rowdys, Playboys, Betonköpfe, selbstgefälligen Gernegroße. Sie verhindern ebenso wie die Müslimänner und die Weibchenfrauen auf der anderen Seite jegliche Veränderung.

RATSCHLAG FÜR FRAUEN

Wenn Sie wirklich etwas verändern wollen an den Geschlechterrollen, dann werfen Sie Ihren Blick nicht mehr auf die Männer, die weitermachen wie bisher. Auf die Vorstandsvorsitzenden in den Großraumetagen mit der sonoren Papastimme und den Emotionen eines Datenverarbeitungsprogramms. Auf die Vertreter des Adamismus. Auf die Extremsportler in den Beziehungen.

Ermuntern Sie diejenigen Männer, die über wirkliche Alternativen nachdenken und die nicht nur die Rollen tauschen wollen. Applaudieren Sie nicht mehr den Siegern, sondern den Verlierern. Suchen Sie Ihre Bündnispartner nicht bei den Starken, damit machen Sie Männern Mut, die aus ihren traditionellen Rollen, in denen sie den Frauen Kummer bereiten, ausbrechen wollen.

Männer sind nicht auf der Welt, Frauen zu verehren

Männer wollen Frauen verehren. Ihr Bewunderungspotential, ihre Unterwerfungsenergie, ihr Verehrungsfanatismus sind grenzenlos. Im Gaffen und Begehren der Männer entsteht und erblüht die Frau als Objekt der Attraktionen, und Männer glauben tatsächlich, sie hätten sie erschaffen. Sie starren wie hypnotisiert auf Frauen. Das hält sie allerdings davon ab, sich selbst wahrzunehmen.

Dabei gibt es doch für Männer, die sich selbst in Ordnung finden, viel zu tun. Und diejenigen, die nicht in Ordnung sind, könnten anfangen, ihre Defekte zu erkennen. Solange Männer nur auf Frauen starren, die bewundert werden wollen, also Unterwerfung fordern, erkennen sie sich selbst nicht. Solange Frauen erwarten, dass Männer mit ihren sexuellen Instinkten statt mit dem Verstand auf sie reagieren, ist das für den Gang des Geschlechterverhältnisses nicht von Vorteil.

Was ist zu tun? Männerforscher, beispielsweise an den Universitäten, sitzen hierzulande, anders als etwa in den USA, zwischen allen Stühlen. Politologen, Psychologen oder Pädagogen, die in Diplomarbeiten, Habilitationen oder Forschungsprojekten sich dem Phänomen Mann nähern wollen, werden belächelt oder offen angefeindet. Geschlechterforschung ist Sache der Frauen.

Um dies zu ändern, ist beispielsweise in Berlin eine »Arbeitsgemeinschaft Männer- und Geschlechterforschung« entstanden. Nicht nur Wissenschaftler, etwa von der Evangelischen Fachhochschule für Sozialarbeit oder dem Fachbereich Politologie der Freien Universität, sind mit von der Partie, sondern auch Praktiker: Männer, die in der Jugendhilfe, in der Erziehungs- oder der Kindertagesstättenberatung tätig sind. Sie versuchen, das Selbstbewusstsein der Männer und Väter zu stärken, in der Aus- und Fortbildung das Bewusstsein für Männerrollen zu fördern.

Die Initiatoren solcher Gruppen müssen sich im klaren darüber sein, dass Veränderungswünsche von Männern nicht allein das Resultat der Kritik von Frauen an Männern sind. Männerinteressen existieren unabhängig von Fraueninteressen. Deshalb sollten Männergruppen zwar mit Feministinnen und Frauenforscherinnen im Gespräch bleiben, aber auch in Abgrenzung zu den Frauen eigenen Fragestellungen nachgehen. Die Frage wird sein, ob für solche Projekte ähnliche Gelder fließen werden, wie sie heute für Frauenprojekte fließen.

Da immer mehr Männer Infos, Rat und Kontakt suchen, existiert beispielsweise die Beratungsstelle »Männerwege« in 22765 Hamburg, Paul Nevermann-Platz 2-4, Tel: 040/38 19 07. Sie ist die Herausgeberin einer Broschüre mit dem Titel »MännerProjekte Liste« mit 230 Adressen von interessanten Projekten und Projektgruppen im deutschsprachigen Raum.

Es gibt natürlich in Deutschland auch seit einiger Zeit informelle Männergruppen, die sich »frauenlos« treffen. Dort werden Konzepte der Selbsthilfe erarbeitet – und Männer bleiben unter sich, so wie Frauen lange Zeit unter sich geblieben sind.

So wichtig es im Moment noch sein mag, dass Männer sich mit anderen Männern – also mit sich selbst – beschäftigen und die Frauen draußen bleiben, ein Ausweg auf Dauer ist es nicht. Es ist ein erster Schritt, der zweite Schritt muss irgendwann folgen, und dieser müsste darin bestehen, dass sich die neuen Männergruppen ebenso wie die alten Frauengruppen auflösen. Es müssten sich Menschengruppen bilden, die sich nicht voneinander abgrenzen und sich auch nicht bekämpfen.

Ist das nicht eine utopische Forderung? Ja, es ist eine utopische Forderung. Aber es ist die einzige, die uns weiterhilft.

Also sind wir gezwungen, sie durchzusetzen, so schwierig das auch ist. Erst wenn Männer aufhören, Frauen bedingungslos zu verehren, und Frauen aufhören, von Männern, die pausenlos sexuell stimuliert und manipuliert werden, diese Verehrung, die mit einer erotischen Dauerpose verbunden ist, zu verlangen, wird aus dem biologischen Geschlechterverhältnis ein soziales Verhältnis. Und aus dem Geschlechterkampf kann ein Geschlechterarrangement werden.

RATSCHLAG FÜR MÄNNER UND FRAUEN

Wir sollten die Art und Weise des Dialogs zwischen den Geschlechtern verändern.

Solange Frauen sich nur als biologische Attraktion inszenieren, werden sie bei Männern sexuelle Gewaltphantasien provozieren und an Frauenhäusern mitbauen. Solange Männer sich nur über die Frauen definieren, denen sie es recht machen wollen, werden sie das männliche Prinzip herabwürdigen.

Wir müssen das Geschlechterverhältnis aus den Händen der Weibchen und Machos befreien. Erst dann kann aus dem Geschlechterkampf ein Geschlechterarrangement werden.

Gewalt gegen Männer ist nicht gerechtfertigt

Bei Frauen gilt immer und zuallererst die Unschuldsvermutung. Bei Männern die Schuldzuweisung. Gewalt gegen Frauen ist deshalb nicht zu rechtfertigen. Gewalt gegen Männer immer. Werden Frauen gegen Männer gewalttätig, finden sie immer einen »Grund«, und sei es ein eingebildeter. Und immer einen Fürsprecher, der sie entlastet. Letztlich wird sogar das männliche Opfer ihrer Gewalt für sie sprechen, sie müssen ihn nur mit ihren Mitteln darum bitten.

Dies ist eine der am wenigsten sichtbaren Rollenfallen für Männer. Diese wollen es den Frauen in jedem Fall recht machen, deshalb akzeptieren sie heutzutage auch die schlimmsten Vorwürfe – wenn das den Frauen nur gefällt.

Der gängige Vorwurf heute ist, darauf habe ich bereits hingewiesen, dass Männer durchweg Gewalttäter sind. Männer sind jedoch noch häufiger die Opfer. Achten Sie mal darauf: Beinahe alle Morde in Fernsehfilmen werden an Männern begangen – statistisch gesehen sind es rund 75 Prozent. Frauen werden überwiegend nur als »in Gefahr« dargestellt. Wenn jedoch einer stirbt, ist es meist ein Mann. Das akzeptieren wir als Unterhaltung. Und in Erinnerung bleiben nur die wenigen weiblichen Opfer des Geschehens – und vor allem die »Frauen in Gefahr«.

Auch in der Realität sind beinahe immer Männer die Opfer von Verbrechen, nämlich zu rund 90 Prozent. Das dürfen wir nicht aus den Augen verlieren. Das Risiko, einen tödlichen Arbeitsunfall zu erleiden, ist für Männer zwölfmal höher als für Frauen. Auf jede ermordete Frau kommen – nach den Erhebungen des Bundeskriminalamtes – drei ermordete Männer.Andererseits werden Männer bei vergleichbaren Straftaten mit bis zu 70 Prozent höherer Strafe belegt, weil für sie keine geschlechtsspezifischen Rechtfertigungen, sondern höchstens geschlechtsspezifische Strafverschärfungen gelten.

Aber werden nicht auch die meisten Verbrechen von Männern begangen? Nur, ist das Ausdruck von männlicher Stärke?

Jeder Experte wird bestätigen, dass individuelle Gewaltverbrechen nachweislich aus Ohnmacht und einem Gefühl von Schwäche begangen werden. Dahinter müssen also Verhältnisse stehen, die Männer zu Gewalt treiben: Arbeitslosigkeit, Liebesentzug, Chancenlosigkeit, Hoffnungslosigkeit, Verlassenwerden sind die Hauptgründe für Gewalt. Sozial depravierte Menschen begehen, wiederum statistisch ausgedrückt, fünfzigmal mehr Verbrechen als Gutsituierte. Besitzen die sozial depravierten Menschen etwa die Macht in unserem Staat? Natürlich nicht. Ihre Verbrechen sind ein gewalttätiger Ausbruch aus Hilflosigkeit.

Frauen haben sich zu sehr an den Status gewöhnt, die wahren und einzigen Opfer der Verhältnisse zu sein. Jeder redet heutzutage in diesem Sinn. Es wird nicht mehr nachgefragt. Und wer solches dennoch tut, wird angesehen, als sei er frauenfeindlich, ja irrsinnig, es wird ihm eine Psychotherapie angeraten. Selbst wirtschaftliche Veränderungen der vergangenen Jahre werden einseitig als Nachteil für Frauen interpretiert. Für die Tatsache, dass mehr als 90 Prozent der Obdachlosen – also derjenigen, die für das Scheitern privater wirtschaftlicher Verhältnisse allein die Zeche zahlten – Männer sind, finden die Funktionäre des herrschenden Zeitgeistes keine Erklärung. Sie wollen nicht einmal darüber nachdenken. Es stört ihre Propaganda.

Frauen sehen sich als Opfer von Gewalt. Männer als die Täter. Infolgedessen ist Gewalt gegen Männer gerechtfertigt. Es trifft einen potentiellen Täter, kann also nur heilsam für ihn sein.

Weil die von einer diffusen Verschwörungstheorie indoktrinierten Frauen davon ausgehen, dass Männer sie unterdrükken, ist feindseliges Verhalten von vornherein die logische Folge. Es kommt solchen Frauen auf Sieg und Niederlage an: das Leben als Kampfsport. Bei diesem Arena-Verhalten von Gladiatorinnen entgeht ihnen natürlich, dass ihr ständiges aggressives Durchsetzen eigener Vorteile bei Männern berechtigte Gegenwehr mobilisiert – die dann als Beweis für primäre männliche Aggressivität verteufelt wird. Frauen zetteln dauernd Feindschaften und Fehden an – und behaupten, nur auf die böse Männerwelt zu reagieren, die sich gegen die Frauen verschworen hat. Indoktrinierte Frauen fallen über die Männer her. Männer können ja Gewalt vertragen.

Eine extreme Gewaltbereitschaft von Männern besteht natürlich tatsächlich, es wäre Unsinn, sie übersehen oder wegreden zu wollen. Das Problem liegt ganz woanders. Die Mitschuld von Frauen an der tatsächlich existierenden Gewaltbereitschaft der Männer wird ausgeblendet. Und doch besteht sie.

Eine unverdächtige Zeugin, weil Autor*in*, schreibt dazu: »Frauen unterschätzen ihr eigenes Aggressionspotential. Auch von feministischer Seite wird immer noch propagiert: die Gewaltlosigkeit der Frau. Frauen intrigieren und denunzieren, kolportieren, verraten oder halten wichtige Informationen zurück. All dies diskreter, geheimnisvoller, schlauer und raffinierter als Männer. Nur der Aggressionsausdruck oder die Form sind anders: weniger offen und direkt, heimtückischer, hinterlistiger. Hinsichtlich der Aggressionsquantität und -qualität aber dürften die Frauen auch hier den Männern in nichts nachstehen.« (Eva Julia Fischkurt: *Wenn Frauen nicht mehr lieben*)

Signifikant wird die Mitschuld der Frauen an gewalttätigen Verhältnissen in einem Bereich, der bisher als Inbegriff von Männerdominanz galt. Ich meine den Bereich mafiotischer Gewaltverhältnisse. Wir haben uns an das Bild brutaler männlicher Clanvorsitzender gewöhnt, die Mordaufträge erteilen oder ausführen, und an das Bild weinender Frauen, die als angebliche Opfer männliche Gewalt beklagen.

Durch die jüngsten Erfolge polizeilicher Fahndung in Sütitalien kam plötzlich ans Tageslicht, dass in beinahe allen Fällen, wo Bosse verhaftet und inhaftiert worden waren, ihre Frauen das Geschäft mit der Gewalt aus dem Hintergrund heraus weiterführten. Das ist nicht verwunderlich. Ja, das Gegenteil wäre wunderlicher. Und geht die Mitschuld von Frauen an solchen Verhältnissen nicht sogar noch viel tiefer?

Denken wir nur daran, auf welchen Fundamenten die Gewalt der Mafia ruht: Es ist die Familie. Der Schutz und die Vormacht der eigenen Familie gegenüber allen anderen sind die Wurzel des Bösen. Der Schutz von Frauen und Kindern steht im Vordergrund. Die Männer der Mafia sind wunderbare Organe gewesen, wenn es galt, ihren Frauen den Wunsch von den Augen abzulesen, die eigene Familie möge, koste es, was es wolle, bevorteilt werden. Jeder Mann der Mafia ist auch von seiner Frau dorthin gebracht worden, wo er jetzt steht.

Der Vorteil von Frauen war bisher, dass sie stets aus dem Hintergrund heraus agieren durften und so in ihrer Täterschaft weitgehend unsichtbar blieben.

Eine von den amerikanischen Soziologen Strauss und Gelles herausgegebene landesweite US-Studie über Gewalt in der Familie, die im »Journal of Marriage and the Family« des Jahres 1986 veröffentlicht wurde, belegte, dass beide Geschlechter gleich oft in der Ehe zuschlagen, ja, dass Ehefrauen angaben, ihren Männern öfter mit Gewalt gedroht zu haben als umgekehrt. Dennoch gehen 90 Prozent aller Strafanzeigen von Frauen aus. Geschlagene Männer tragen leider ihr Los »wie ein Mann«, sie schämen sich anzuzeigen, von einer Frau etwa ins Gesicht geschlagen worden zu sein.

Eine vom Berliner Streetworker-Verein »Gangway« analysierte Kriminalstatistik zeigt, dass die Zahl der von 8- bis 14jährigen Mädchen in Berlin begangenen Straftaten in den letzten zehn Jahren auf das Dreifache angestiegen ist. Bundesweit registriert die Polizei seit Jahren einen rapiden Anstieg von Mädchen-Gewalt. »Meist gingen die Täterinnen gründlich zu Werke: Durch Zigaretten verbrannte Haut, zertrümmerte Nasen und gebrochene Rippen gehören zu den Folgen der Folter durch Mädchenhand ... Oft gehen Mädchen gnadenloser miteinander um als Jungen. Während männliche Jugendliche ihre Konflikte schnell austragen und beenden, warten Mädchen mitunter monatelang auf die passende Gelegenheit – der körperlichen Gewalt wird dann meist noch eine Demütigung hinzugefügt.« (Der SPIEGEL, Nr. 11/1998)

In der B-Ebene der Frankfurter Innenstadt sitzen neuerdings Mädchen zwischen 14 und 17 Jahren, Bierdose in der Hand, Kippe zwischen den Lippen und kreischen den Männern nach: »Komm her, du, ich schneid dir den Schwanz ab.«

Es ist etwas schiefgegangen im Prozess weiblicher Emanzipation. Das betrifft den Hang von Frauen zu oft sadistischer Gewalt ebenso wie deren ritualisierten Vorwurf an die Männer, das alleinige gewaltbereite Geschlecht zu sein.

Wir leben in einem System sozialer Energien, die von beiden Geschlechtern zur Gesellschaft geformt werden. Aber wir sehen doch, wie zärtlich, glücklich, behutsam und friedlich Männer mit Kindern und Frauen, von denen sie geliebt werden, umgehen. Wir sehen doch, wie Männer selbstverloren und hilflos an den Brüsten der Frauen hängen, glücklich wie Kinder. Was ist mit den Männern passiert, dass sie das Etikett des gewalttätigen Geschlechts aufgeprägt bekommen haben?

Wenn wir nicht davon ausgehen, dass Männer genetisch böse sind, denn dann wären alle Männer Kriminelle, bleibt nur der Gedanke, dass die Geschlechterrollen ihnen übel mitgespielt haben. Es hat sie offenbar überfordert, jahrtausendelang das Töten und Morden in der Gesellschaft besorgen zu müssen und sich andererseits vor jeder Frau schuldig und ohnmächtig und von ihr – ihrem Sex und ihrer Schönheit – abhängig zu fühlen. Wir haben unsere Männer zu lange allein gelassen und sie nicht gefragt, ob sie ihre Rollen überhaupt erfüllen können. Männer haben versagt – und es ist unsere Schuld.

Zu ihrem Scheitern müssen Männer heute noch die Gewalt von Frauen hinnehmen. Diese Gewalt tritt ihnen überall entgegen: von verbaler Aggression und Feindseligkeit über die allgegenwärtigen weiblichen Stereotypen in Medien und Alltag, die männliche Probleme ausblenden, bis hin zum subtilen Liebesentzug in den Wohn- und Schlafzimmern oder pornografischer Frauenpower allüberall, die suggeriert, dass Männer sich Frauen erst »verdienen« müssen. Zu all dem hat die Feminismus-Falle weitgehend beigetragen.

RATSCHLAG FÜR FRAUEN

Gehen Sie nicht davon aus, dass Gewalt gegen Männer gerechtfertigt ist. Denn Männer sind zwar oft Täter, aber noch öfter Opfer von Gewalt. Sie werden Zielscheibe der Gewalt von Männern und Frauen. Wir müssen Männer davor schützen, als Tätergeschlecht preisgegeben zu werden. Ihre Geschlechterrolle überfordert sie offensichtlich. Wir müssen stärker die sozialen Verhältnisse und die Geschlechterverhältnisse sehen, unter deren Druck Männer gewalttätig werden. Nur dann werden wir sie so zivilisieren, dass wir gut mit ihnen auskommen.

Die Feminismus-Falle

Die feministische Bewegung war wichtig und hat viel erreicht.

Sie hat uns auf tiefgreifende Ungerechtigkeiten aufmerksam gemacht. Indem sie diese bekämpfte, sensibilisierte sie die Gesamtgesellschaft für Unrecht. Auch noch für Unrecht, das über Frauenfragen hinausging. Dafür muss jeder Mann mutigen Frauen dankbar sein.

Dieser einst verdienstvolle, weil fortschrittliche Feminismus, der vor genau 30 Jahren begann, steht heute jedoch in Gefahr, nur noch ein ideologischer Fundamentalismus sein zu wollen. Wie jeder Fundamentalismus wertet er jeglichen Einwand gegen sich a priori als feindseliges Verhalten. Wer Kritik übt, ist als Gegner ausgemacht, ganz egal, wie berechtigt die Kritik war. Der heute praktizierte, militante Feminismus gleicht also einem Totalitarismus, und in seiner Grundhaltung gegen männliche Interessen ist er terroristisch. Feministinnen haben bei fanatischen Islamisten gelernt, die jeden abweichenden Gedanken mit schwersten Strafen belegen.

Gleichzeitig besetzen heute Feministinnen wichtige Positionen. Staatliche Programme zur Förderung von Frauen werden von Feministinnen ausgearbeitet – genauer gesagt: kontrolliert. Millionen von Steuergeldern, die Männer und Frauen erarbeiten und einzahlen, werden ausschließlich für Belange von Frauen verwendet. Das muss sich ändern.

Es gibt kein einziges Hilfsprogramm, das Geld nur für Männer vorsieht. Gäbe es so etwas, würde das heftige Angriffe hervorrufen. Und mit Recht, denn es ist Sexismus, nur ein Geschlecht durch alle möglichen Hilfsprogramme zu unterstützen, mit der Begründung, es handle sich um ein besonders schützenswertes Geschlecht. Das andere Geschlecht wird dadurch automatisch als nicht schützenswert abgewertet.

Fraueninteressen und Männerinteressen sollten gleichgestellt sein. Sie sind es aber nicht. Feministinnen, feministische Funktionäre und Vater Staat haben sich verbündet, um die Frauen zu fördern.

Bände hierzu spricht die bereits erwähnte Einführung von »gender studies« als eigenständiges Studienfach. Nicht zuletzt deshalb, weil in dieser Disziplin keine objektiven Geschlechterstudien durchgeführt werden, sondern Frauenstudien auf dem Sockel hoher Subventionen entstehen. Das schafft die »Frauenpower« zu Ende dieses ereignisreichen Jahrhunderts, die einen lobbyistischen Egoismus verfolgt, den wir alle mit unseren Steuergeldern subventionieren.

Ganz gleich, wie qualifiziert Frauen auch sind, sie werden heute vielfach via Quote bevorzugt. Das schafft ein Klima des Misstrauens und Neids gegen Frauen und deshalb nur scheinbare und kurzfristige Vorteile.

Außerdem senkt die Bevorzugung insgesamt die Qualifikation und das Niveau unserer Berufswelt. Jeder Unternehmer wird zweimal überlegen, ob er eine Frau einstellt, die möglicherweise minder qualifiziert ist, am Arbeitsplatz aber mehr Schutz genießt als ein Mann und schneller eine Klage erreichen kann, wenn sie behauptet, von irgendjemandem belästigt worden zu sein. Dazu kommen die Sonderrechte für Frauen, wenn sie schwanger werden oder verlangen, von gefährlichen Arbeiten oder unpässlichen Zeiten freigestellt zu werden. Frauen, die per Gesetz besser und umfassender geschützt werden als Männer, sind ein Risiko. Das kann zuallerletzt den Frauen gefallen.

Die eingeschlagene falsche Richtung führt unweigerlich zu jenem schon legendären Ausspruch der Heidelberger Oberbürgermeisterin Beate Weber: »Die Gleichberechtigung haben wir erreicht, wenn eine völlig unfähige Frau in eine verantwortungsvolle Position aufrückt.«

Der bessere Weg wäre, von den Frauen mehr Verantwortung zu verlangen, um zu vermeiden, dass sie sich in jeder Krisensituation instinktiv auf die Rolle des schützenswerten kleinen Mädchens zurückziehen. Ich bin sicher, dass die meisten Frauen heutzutage bereit sind für einen solchen Verhaltenswandel. Frauen sind weiter, als Feministinnen und Vater Staat annehmen.

Frauen sollten jede Förderung ablehnen, solange diese nicht auch Männern zugute kommt. Denn Förderung macht sie selbst schwach – und abhängig von Förderung. Wer gut von staatlichen Fördergeldern leben kann, braucht sich nicht anzustrengen. Wir brauchen aber die Anstrengung von Frauen, damit Männer in ihrer Geschlechterrolle entlastet werden. Dies wäre ein wichtiger Schritt hin zu einer wirklichen Emanzipation, wenn Frauen ihren männlichen Partnern Verantwortung abnehmen könnten. Die Männer würden es ihnen mit Respekt und Fürsorge danken, statt wie häufig genug mit lüstern-verächtlichen Blicken auf die Körper von Sexualobjekten.

Doch ist es natürlich nicht leicht für Frauen, die Vorteile, die man (jeder Mann) ihnen so freigebig offeriert, auszuschlagen. Niemand sägt gern den Ast ab, auf dem er sitzt.

Aber es leuchtet ein, dass die Förderungsmaßnahmen des Staates nicht aus Liebe zu Frauen gewährt werden, dahinter stehen in Wahrheit knallharte politische Interessen. Da die Frauen die Wahlmehrheit bilden, möchte sich jede Partei deren Stimmen zu eigen machen. So aber redet man den Frauen nach dem Mund. Ziel dabei ist jedoch nicht größere Selbstständigkeit, sondern größere Abhängigkeit. Indem der Staat die Frauen mit Privilegien versorgt, bindet er sie an sich. Dies ist das alte Klientel-Prinzip, das vor allem in mafiotischen Verbindungen greift. Die Privilegien von Frauen sind also von heimtückischer Art. Dahinter steckt eine klammheimliche Diskriminierung, vor der sich gerade aufgeklärte und anspruchsvolle Frauen hüten sollten.

Nicht zuletzt deshalb sind es die reaktionärsten Politiker, die heute nach »Frauenschutz« rufen. Und die feministische Seite verbindet sich mit ihnen.

Daraus folgt, dass weder der Staat noch der Feminismus Frauen weiterhilft. Dies schafft nur der individuelle Wille zur Gleichberechtigung, die immer auch als Gleichverpflichtung verstanden werden will. Frauen sollen sich nicht scheuen, Gleichverpflichtung auch gegen den Feminismus, soweit er sich fundamentalistisch aufführt, einzuklagen. Und Männer sollten ihre Frauen dabei kräftig unterstützen, ohne einen kurzfristigen Vorteil daraus zu ziehen.

RATSCHLAG FÜR MÄNNER UND FRAUEN

Schlagen Sie einseitige Förderungen aus. Denn in diesen steckt ein heimlicher Versuch, Sie zu demütigen, indem er Sie verwöhnen und damit abhängig machen will. Entweder es gibt für beide Seiten Geld oder für niemanden. Erleben Sie das Gefühl der Solidarität, des Stolzes und der Stärke, wenn Sie die unredlichen Sonderangebote des Staates gemeinsam zurückweisen!

Emanzipation und Anti-Männer-Sexismus

Inzwischen sind die Forderungen der Frauenbewegung weitgehend eingelöst. Wo sie nicht eingelöst sind, scheitern sie an dem Hinweis, dass Männer die eingeforderten Rechte ebenfalls nicht besitzen.

Ein verhängnisvoller Fehler in der kämpferischen Phase der Frauenbewegung war es, den jeweils individuellen Mann für die Fehler des gesamtgesellschaftlichen Mannes verantwortlich zu machen. Das hat bis heute zu kuriosen Vorwürfen geführt. Und es hat vor allem die Verantwortung der Gemeinschaft für die Regeln und Rollenverteilungen völlig aus dem Blickfeld entfernt.

Wir können die Rollenverteilungen nicht richtig erkennen, wenn wir missachten, welche Interessen die Gesamtgesellschaft daran hat. Oberstes Gebot war und ist immer, welche Verhaltensweisen der Geschlechter dem Überleben der Gesellschaft nutzen und welche ihr schaden. Wer ist die Gesellschaft? Männer und Frauen.

Nicht interessant sind deshalb die Verhaltensweisen einzelner Männer und Frauen in ihren konkreten Beziehungen. Diese drücken nur – wie vermittelt auch immer – die Bedürfnisse der Gemeinschaft aus. Und das oberste Interesse der Gesellschaft war zu allen Zeiten, die eigene Gemeinschaft zu schützen und zu erhalten. Wenn sich die äußeren Bedingungen dafür änderten, änderten sich auch die Binnenbedingungen, also die Regeln und Vorschriften. In Zeiten schwindender äußerer Gefahr liberalisierten sich die Geschlechterregeln, und sie verschärften sich wieder bei größerem äußerem Druck.

Solange Männer dafür auserkoren waren, das Netz für den Schutz von Frauen und Kindern, für den gesellschaftlichen Nachwuchs zu knüpfen und zu erhalten, erhielten sie gesellschaftliche »Macht« in dem Sinn, dass sie für alles verantwortlich gemacht werden konnten. Sie mussten für die Erhaltung dieses schützenden Netzes selbstverständlich auch ihr Leben lassen. Von solchem Sexismus zum Nachteil des männlichen Geschlechtes muss gerade heute, wo die Rollen sich ändern, auch geredet werden.

Die Frauen durften im Verlauf der Geschichte immer in Deckung bleiben, sie waren für den Schutz der Gesellschaft nicht bestimmt. Zwar wurde über ihre Köpfe hinweg – von machthabenden Männern im Staat, nicht von gewöhnlichen Männern – Politik gemacht, aber diese Politik diente nie dem einfachen Mann ohne Besitz und Einfluss, sie galt hingegen immer den ureigenen Interessen aller Frauen, beschützt zu werden, damit sie ihre Gene vererben und ihren Nachwuchs ohne Not und Gefahr aufziehen konnten.

Beklagenswert fanden Frauen diesen Zustand erst, als die äußere Gefahr abnahm. Mit Recht verwiesen sie nun darauf, dass sie den bis dahin geltenden Grad von Schutz nicht mehr brauchten. Sie glaubten, sich nun weitgehend selbst schützen zu können, und forderten mehr Mitspracherechte. Diese wurden ihnen – von Männern – auch gewährt.

In dem Maße also, in dem Männer nicht mehr ausschließlich für den Schutz der Gemeinschaft verantwortlich gemacht werden, nimmt ihre »Macht« ab, die immer mit einschloss, geopfert zu werden, damit die anderen überleben konnten. Wo heute noch die traditionelle Männermacht vorherrscht, wird sie jeden Tag in Frage gestellt. Und das mit vollem Recht. Der Tonfall aggressiver Häme und bitterer Feindseligkeit ist dabei jedoch völlig unangebracht. Denn die Männerwelt nimmt die alten Positionen nur noch aus Unwissenheit über den aktuellen Zustand der Gesellschaft ein bzw. aus Unfähigkeit, ihre alten Rollen zu verlassen – und nicht aus angeborener Bösartigkeit.

Man kann Männer jederzeit mit dem Hinweis auf veränderte Rollen zivilisieren. Ja, Männer warten geradezu auf diesen Hinweis. Denn er entlastet sie in ihrem Rollenzwang erheblich und nimmt Tonnen von gesellschaftlicher Last von ihren Schultern. Jeder Mann bei Verstand ist heutzutage dankbar für jede Frau, die gemeinsame Lasten mitzutragen bereit und dafür auch dauerhaft in der Lage ist. Vorausgesetzt, sie meint es ernst und kokettiert nicht nur mit einer modischen Pose.

RATSCHLAG FÜR FRAUEN

Stellen Sie für Ihren Mann deutlich unter Beweis, dass Sie bereit und in der Lage sind, private und gesellschaftliche Lasten mitzutragen. Sie werden mit großer Wahrscheinlichkeit die Erfahrung machen, wie erleichtert Ihr Mann darauf reagiert. Tut er es nicht, verlassen Sie ihn – noch heute.

Sollten Sie es allerdings nicht ernst meinen, versuchen Sie es lieber gar nicht erst. Girlie-Posen, die Resolutheit nur als Maskerade ausdrücken, sind nicht mehr gefragt. Es kommt auf Vertrauen, Kompetenz und grundlegende Bereitschaft zur gegenseitigen Hilfe an.

Warum sind Männer ihren Gefühlen entfremdet?

Wenn Männer weiterhin ihren Gefühlen entfremdet bleiben, sich nach Geld, Macht und Einfluss sehnen, statt nach Liebe und Verständnis, dann bleibt alles so, wie es ist. Und dann wird die Erde eines nicht mehr fernen Tages erheblich zu wackeln beginnen und schließlich aus der Bahn geraten. Wenn wir Männern aber ermöglichen, in Selbstachtung ihrer Männerrolle zu genügen und genau *deshalb* zu lieben und geliebt zu werden, dann gleitet die Erde im nächsten Jahrtausend endlich ruhiger auf ihrer Bahn dahin.

Was ist – jenseits der Metaphorik – damit gemeint?

Wenn Männer bisher dazu gezwungen waren, ihre Beschützerrolle zu spielen und für die Familie zu sorgen, trieb diese Rolle sie von ihrer Familie fort und damit von der Basis ihrer emotionalen Beziehungen. Wenn sie »von draußen« zurückkamen, hatten sie zwar Geld verdient, und damit den Respekt von Frau und Kindern, aber sie wurden dafür nicht geliebt. Eine Geldquelle kann niemand lieben. Die menschliche Person hinter dieser Geldquelle war viel zu lange dem Kampf ums Verdienen ausgesetzt gewesen, um ein Hort wahrer, also positiver Gefühle zu sein. Mit einem Wort: Der Mann als Ernährer war von seinen Gefühlen abgeschnitten, und damit vom Leben im sozialen Verband Familie, für den er dies alles doch tat!

Dass wir dem traditionellen Mann heute vorwerfen, er habe doch nichts weiter tun müssen, als »das nötige Kleingeld« heranzuschaffen, während die traditionelle Frau viel mehr Aufgaben zu Hause zu bewältigen hatte, berücksichtigt nicht die konkrete Dimension der Arbeitsverhältnisse. Denn dies hieß für die Frau, sich zu Hause im Kreis ihrer Lieben und *für* diese betätigen zu können, also menschliche Wärme, Liebe und Achtung zu geben und zu bekommen. Es hieß aber für den Mann: sich unter allen Umständen und allen Widrigkeiten entfremdeter Verhältnisse und Arbeitsverhältnisse zum Trotz durchbeißen zu müssen, um Frau und Kinder zu ernähren. Und beim Versagen vor dieser Aufgabe ins Nichts abzustürzen.

Das heranzuschaffende »Kleingeld« besaß also immer auch eine seelische Dimension, von der wir nichts begreifen, wenn wir nur die Funktion des traditionellen Mannes sehen und nicht den menschlichen Preis, den er dafür bezahlen musste.

Ist es Jammerei, wenn Männer darauf verweisen? Unsere Großstädte sind noch heute voll von Männern, die jede Arbeit annehmen, um ihre Familien hier und – wenn es sich um sogenannte »Gastarbeiter« handelt – auch in ihren Herkunftsländern ernähren zu können. Männer, die ihren Körper, ihre Körperkraft an jeden Bietenden verkaufen müssen – weil sie Männer sind. Das sind aussortierte Männer, also Männer in sexistischen Verhältnissen, die sich wegen ihrer Geschlechtszugehörigkeit prostituieren. Keine Helden. Keine Täter. Opfer.

Solche Männer in solchen Verhältnissen – ich will sie »traditionelle« Männer nennen, ohne damit eine Wertung zu verbinden – haben nicht gelernt, ihren Gefühlen freien Lauf zu lassen. Ja, sie haben im Gegenteil gelernt, dass es ihnen, und damit ihrer Fürsorge für Frau und Kinder schadet, wenn sie fühlen. Sie müssen problemlos funktionieren, das ist alles. Von ihnen zu erwarten, dass sie sensibel auf die Liebesbedürfnisse von Frauen und Kindern eingehen, nachdem sie aus dem Terror der Prostitution eines Arbeitsplatzes, der Selbstverwirklichung in keinem Fall verspricht, nach Hause gekommen sind, das ist absurd. Es ist ebenso absurd, wie von einer hart anschaffenden Strichnutte zu erwarten, dass sie ihre Freier und mit diesen alle Männer wegen ihrer Potenz zärtlich liebt.

Das hört sich drastisch an. Und genau das ist es auch. Es ist eines der drastischen Grundverhältnisse unserer modernen, gefühlskalten Leistungsgesellschaft.

Obwohl wir dies einsehen, bleiben wir bei unserer Forderung, Männer sollten endlich liebesfähig sein und ihre »Bindungsängste« vergessen. Wir machen den Mann weiterhin zum Ernährer, Beschützer, Arbeitssklaven, Krieger und Retter – mit allen seelischen und körperlichen Konsequenzen – und verlangen gleichzeitig von ihm, auch passiv, sanft und duldsam sein zu können. Das überfordert die meisten Männer offensichtlich. Und verständlicherweise. Denn eine solche Erwartung schwächt sie nur für die weiterhin bestehenden Zwänge, sich in menschenverachtenden Verhältnissen durchzubeißen.

Diese Zwänge verschwinden nicht mit der spontanen Laune einer Frau – oder eines Mannes –, die Rollen einmal umzukehren. Sie verschwinden nur, wenn wir geduldig und gemeinsam die gesellschaftlichen Gründe dieser Rollenzwänge verstehen lernen.

Aber ist es nicht so, dass die bisherigen Regeln, die für Männer und Frauen galten, im »Patriarchat« entwickelt worden waren, also von Männern durchgesetzt worden sind? Ja und Nein.

Wir haben es »Patriarchat« genannt. Aber ein »Patriarchat« im reinen Sinn hat es – landläufigen Vorurteilen und Ideologien zum Trotz – in der Geschichte der menschlichen Entwicklung selten gegeben. Was es in früheren Gesellschaften immer gab, das waren gemischte Verhältnisse. Die Männer wirkten alleinverantwortlich in ihrem Bereich, um die Gemeinschaft zusammenzuhalten und sie nach *außen* hin zu schützen. Die Frauen wirkten alleinverantwortlich in ihrem Bereich, um die Gemeinschaft zusammenzuhalten und sie nach *innen* hin zu schützen. Die Regeln, die dabei herauskamen und von allen als sinnvoll angesehen wurden, waren von Männern und Frauen gemeinsam erdacht. In ihnen drückten sich die Erfahrungswelten beider Geschlechter aus.

Anders gesagt: Wenn man glaubt, Frauen seien in der Vergangenheit unterdrückt worden, darf man nicht die Vorteile unterschlagen, die diese »Unterdrückung« für die Frauen mit sich brachte: wirtschaftliche Sicherheit, Schutz, Überleben, Fürsorge. Und wenn man glaubt, Männer seien in der Vergangenheit die Machthaber gewesen, darf man nicht die Nachteile unterschlagen, die diese »Macht« für die Männer mit sich brachte: für die anderen verantwortlich zu sein, für sie zu arbeiten, auch unter Lebensgefahr, für sie zu sterben, damit sie leben können. Mit einem Wort: im Zweifelsfall geopfert zu werden.

In diesem Zusammenhang muss jede Gewalt gesehen werden, die von Männern in der Geschichte ausgeübt wurde. Diese Gewalt war nie Selbstzweck, und sie drückte auch nie aus, dass Männer das gewalttätige Geschlecht sind.

Gewalt von Männern in gewalttätigen Verhältnissen sollte immer nur eins ausdrücken, nämlich dass die betreffende Gemeinschaft die Schwächeren – also in erster Linie Frauen und Kinder – gegen alle Feinde von außen zu beschützen in der Lage war. Und das lag vor allem im Interesse dieser Schwächeren. Die Opfer dieser Gewalt waren übrigens kaum jemals Frauen, es waren fast ausschließlich andere Männer. Und diejenigen Männer, die allein für die Ausübung dieser Gewalt gegen andere Männer gesellschaftlich abgerichtet waren, wurden gerade dadurch zu Opfern der Verhältnisse. Selbst wenn sie überlebten, »starben« sie als liebens- und schützenswerte, von Liebe und Zuneigung abhängige Individuen.

Für die Männer bedeutete die Dressur zu Gewalt und Krieg den Verlust sensibler Gefühle. Wer nur darauf trainiert ist, zu gewinnen und zu töten, dem wird es vielleicht nicht einmal etwas bedeuten, geliebt zu werden. Es genügt, wenn er geachtet und öffentlich verehrt wird. Das ist der Stoff, aus dem die Helden sind.

Gehört dies alles nicht längst der Vergangenheit an? Nein, es ist Gegenwart, nur in alltäglicherer Form.

Denken wir an den Leistungssport. Männer malträtieren sich im Boxring, beim American Football, beim Eishockey, Fußball, Rugby. Und wir finden das unterhaltsam und denken dabei: Die Kerle sind doch selber schuld, wenn sie sich verletzen. Männer sind eben so. Oder gar: Irgendwie werden sie das schon verdient haben. In diesem Gedanken liegt ein schwacher Reflex eben der Tatsache, dass wir Männer als Retter und Beschützer immer geopfert haben. Also haben diese irgendwann auch ihre Aufgabe akzeptiert, für Anerkennung ihre Unversehrtheit hinzugeben.

Das ist die unheilvolle Konsequenz, unter der heute vor allem Frauen leiden: Männer hocken sich weiterhin hinter die Lenkräder von schweren Lastwagen, von Panzern, von röhrenden Boliden und von Gefahrentransportern. Sie verkrüppeln sich innerlich und äußerlich, verprügeln sich und ihre Frauen, ihre Untergebenen und alle Abhängigen. Sie trinken Bier und Schnaps, trainieren den Gang von Polizisten und den Blick von Killern. Und kaum ein Tag vergeht ohne Schrammen und Wunden. Aber die Narben bleiben. Ihre Herzdecke wird dünner, ebenso ihr Haupthaar, ihr Bauch wird dicker, ebenso ihr Schuldenkonto. Je stärker Männer zu werden glauben, desto schwächer werden sie. Schon brauchen sie ein Bier mehr, um sich selbst zu finden, sie steigern die Dosis ihrer Drogen, von Alkohol, Nikotin, Nervenkitzel, Sex, Gewalt. So verlieren sie sich immer mehr aus den Augen.

Auf diese Weise üben Männer eine Diktatur aus, die sich nicht tarnt, jeder kann sie sehen und kritisieren. Aber blickt man dahinter, sieht man, dass diese Diktatur immer ein Ziel hat, welches die Männer jedoch nicht erreichen. Das Ziel sind die Frauen (die Kinder, die Familie), für die sie alles tun.

Die Sehnsucht nach den Frauen (und nach der zu beschützenden Familie mit Frauen und Kindern) ist der einzige Grund für die genannte Männer-Diktatur. Für ihre Großmannssucht, für ihre Besserwisserei, für ihren Faustschlag gegen den Falschen. Mit einer solchen auf emotionale Schieflage gerutschten Sehnsucht festigen Männer die heimliche Macht der Frauen. Und ihre eigene faktische Ohnmacht. Es ist schon rührend, aber Männer haben es offensichtlich verlernt, mit direkten Gefühlen auf Frauen zu reagieren. Sie nähern sich ihnen auf kuriosen Umwegen, meist über holprige Pfade und durch Sackgassen.

Wahre Gefühle sind den Männern bei all ihren hektischen Bewegungen abhanden gekommen. Wir müssen also davon ausgehen, dass ein Nachhall früherer Gewaltverhältnisse, die den Mann zur Beschützerrolle zwangen, heute noch immer unsere Männer als Gesamtgeschlecht beherrscht. Während die Frauen sich zurückhalten (können), die Vorteile des Beschütztwerdens genießen – und wortstark gegen den »Machismus« und »Chauvinismus« der Männer lärmen.

Allerdings haben sie dabei an einem Punkt durchaus recht. Die Verhältnisse sind heute nicht mehr so, dass Männer und Frauen in den alten Rollen leben müssten. Und nachdem die Frauen in den letzten dreißig Jahren ihre Rolle zu Recht in Frage gestellt haben, sind nun die Männer aufgefordert, die ihrige zu überdenken.

Dabei müssen wir endlich anfangen, die Geschlechterrollen in ihrem historischen, sozialen, ökonomischen und psychischen Kontext zu sehen. Nur wenn wir dazu in der Lage sind und nicht einer biologistischen Ideologie huldigen, die geschlechtsspezifisches Verhalten festschreibt, werden wir die Geschlechterrollen ändern können. Das wird allerdings mehr sein als ein Tagesjob.

RATSCHLAG FÜR MÄNNER UND FRAUEN

Die Aufgabenstellungen sind in unserer postindustriellen Medien- und Konsumgesellschaft weitgehend durchlässig geworden und werden es im nächsten Jahrtausend noch mehr sein. Es ist also an der Zeit, dass die Rollen neu definiert und verteilt werden. Dies ist unsere Aufgabe für die nächsten Jahrzehnte. Der »Machismus« und »Chauvinismus« von Männern hat ausgedient. Damit aber auch der »Weiblichkeitswahn« und das »Kleine-Mädchen-Syndrom« von Frauen. Beides entsprach sich bisher.

Nichtanerkennung

Was immer Männer heute tun, man kritisiert sie dafür. Was immer Frauen heute tun, man lobt sie dafür.

Männer leben mit Frauen zusammen, denen sie mehrere Generationen lang die unangenehmsten Tätigkeiten erspart haben. Sie haben sich für sie körperlich und geistig verstümmeln lassen, sie sind für sie gestorben. Für sie? Für den Erhalt des Friedens, der Familie, des heimischen Herdes, für die sanften weiblichen Tugenden.

Haben Männer dafür Anerkennung erhalten? Sie sind dafür zum Berserker-Geschlecht erklärt worden. Frauen sagen heute über ihre Männer: Wenn es sie nicht gäbe, gäbe es keine Gewalt auf der Welt.

Das verstehen Männer nicht. Denn in ihren Augen haben sie ja gerade versucht, die – fremde – Gewalt zu bekämpfen und zu besiegen. Wo liegt das Dilemma?

Offensichtlich darin, dass wir in einem Übergangsstadium leben, in dem bisher gültige männliche Tugenden ihren Wert verlieren. Heute werden keine Krieger mehr gebraucht, die einen Feind schlagen, der es auf die eigenen Frauen und Kinder abgesehen hat. Heute kann sich kein »Feind« ein solches Begehren mehr leisten, ja, Frauen und Kinder können sich sogar selbst verteidigen. Männer müssen also abrüsten, um zu sich selbst zu kommen, sie müssen den aggressiven Retterinstinkt durch einen friedfertigen Erhalterinstinkt ersetzen. Und das zwingt sie, die jahrtausendelang erlernte Fähigkeiten des Jägers, Soldaten und Beschützers zu vergessen. Was wir heute brauchen, sind Friedensstifter, keine Rambos.

Die Rolle, die der Frau bei diesen Veränderungen zufällt, kann jedoch nicht die der permanenten Kritikerin sein, die sich nun plötzlich entschlossen hat, alles zu männlichen Untugenden zu erklären, was sie gestern selbst noch als selbstverständliche Tugenden (des Beschützers, Ernährers, Retters, Kämpfers) ausgegeben hat. Das ist keine Frage von Lust und Laune, von Selbstverwirklichungsprogrammen, von fröhlichen Wochenendseminaren oder von einseitig verstandener Emanzipation. Es ist keine Frage von individueller Frauen-Power, sondern eine Frage des gesellschaftlichen Umbaus.

Hier versagen Frauen. Weil sie nie daran gewöhnt waren, in gesellschaftlichen Kategorien zu denken – man hat sie ja jahrhundertelang davon abgehalten –, bringen sie auch heute nur den eingeschränkten persönlichen Horizont zustande, in dem sie den Wertekampf erleben. Für sie ist alles nur eine Frage persönlicher Beleidigung durch einen individuellen Mann.

Deshalb können Frauen dagegen auch nur die kleine grimmige Geste setzen, den versteinerten Gesichtsausdruck, den kalten Blick, das knallharte Stakkato ihrer Stöckelschuhe, die höhnische Rede, das verächtliche Abwinken.

Und das alles, obwohl es die Arbeit der Männer war, die Verhältnisse schuf, in denen sich heute Frauen neu definieren können. Frauen haben sich emanzipatorische Verhältnisse ja nicht allein erkämpft, Männer haben sie ebenso möglich gemacht. Das sollten wir endlich anerkennen und nicht vergessen. Schon allein deshalb würden wir dann die Männer anders anblicken.

Es darf nicht so sein, dass wir die jahrhundertelange Männerrolle plötzlich für unwert erklären und Männern einseitig dafür die Schuld geben. Es darf nicht so sein, dass wir die jahrhundertelange Frauenrolle plötzlich für unwert erklären und – ebenfalls Männern dafür die Schuld geben. Wenn Männer für ihr gesellschaftlich oktroyiertes Verhalten schuldig geworden sind, dann sind es Frauen ebenso, denn die Gesellschaft, die Geschlechterrollen festlegt, besteht aus Männern und Frauen. Es müssen also auch beide Geschlechter die Karre aus dem Dreck ziehen. Und dafür ist zunächst nichts anderes nötig als das Eingeständnis gemeinsamen Versagens.

RATSCHLAG FÜR MÄNNER UND FRAUEN

Es kann nicht sein, dass die Männer im Angesicht des Scheiterns der alten Geschlechterrollen allein die Kosten zu tragen haben. Frauen, die sich der Verantwortung für das bisherige Verhalten ihres Geschlechts entziehen wollen, indem sie persönliche Emanzipation zu Lasten des gesamten anderen Geschlechts propagieren, begehen einen großen Fehler. Sie verstärken das Misstrauen gegen Männer und die heimliche Ablehnung gegen sich selbst. Das aber nutzt weder Männern noch Frauen. Beide Geschlechter sollten sich schuldig und unschuldig zugleich fühlen.

Denn die Macht der Gemeinschaft und ihrer Regeln hat zu allen Zeiten das persönliche Vermögen von einzelnen Männern und Frauen überrollt.

Der Preis des Rollenzwanges

Frauen klagen über Männer, die wie Extremsportler in Beziehungen wüten, Männer, die sich anmaßen, die Herren über die Gefühle anderer – anderer Männer, anderer Frauen – zu sein. Diese Klagen bestehen zu Recht. Was ist zu tun?

Nehmen wir an, die männliche Rolle sei es seit jeher gewesen, für den körperlichen, seelischen und finanziellen Schutz von Frauen und Kindern auserwählt zu sein. Nehmen wir weiter an, sowohl die Männer als auch die Frauen und Kinder hätten dieser Rollenverteilung zugestimmt. Was würde daraus folgen? Dass wir heute die Verhältnisse haben, die wir haben.

Männer, die als Gesamtgeschlecht abkommandiert sind, Beschützer zu sein, laufen Gefahr, die Grenzen dieser Rolle auch im ungeeigneten Moment nicht mehr zu sehen. Und Frauen, die ihren Beschützern für das Beschützen zujubeln, was sie im Alltag, beim Sport und in Kriegen stets tun und taten, laufen Gefahr, dass sich die Energie der Beschützer, deren Stärke und »Manneskraft«, bald gegen sie wendet. Denn dann besitzen sie eben eines Tages charakterliche Eigenarten, die unangenehm werden können, weil sie sich auf das unbarmherzige Beschützen beziehen. Wir alle wollten dies und nichts anderes von ihnen.

Man kann also auch behaupten: Weil Männer historisch gesehen dafür abkommandiert wurden, Schlachten zu schlagen und Feinde davon abzuhalten, das Gemeinwesen zu überfallen, müssen wir Männern, die gewalttätig sind, genau dafür danken. Indem sie für uns Gewalt ausübten, möglichst viel gnadenlose und abschreckende Gewalt, haben sie den Rest der Gesellschaft humanisiert. Sie haben nämlich dem Rest der Gesellschaft, vor allem den schwächeren Männern und allen Frauen, weil sie ihnen das Töten von Feinden abnahmen, die Möglichkeit eröffnet, sich zu *zivilisieren*.

RATSCHLAG FÜR FRAUEN

Wenn Sie männliche Gewalt beklagen, vertreten Sie ein richtiges Anliegen. Gewalt, jede Gewalt, auch männliche Gewalt, muss, wenn sie nicht der Selbstverteidigung dient, jederzeit angeprangert werden.

Vergessen Sie jedoch bitte nicht, was der historische Sinn von Gewalt ist. Es ist Gewalt von Männern gegen Männer – nicht gegen Frauen und Kinder.

Historisch gewachsene Gewalt hatte und hat als Reflex davon auch heute noch immer den Sinn, Männer tauglich zu machen für das Beschützen von Frauen und Kindern bzw. zu demonstrieren, dass sie dazu schon heute absolut tauglich sind. Wenn wir diesen Zustand – zu Recht – beklagen, müssen wir das Rollenverständnis auf beiden Seiten verändern. Wir müssen fragen, ob diese Rollenverteilung noch einen Sinn ergibt, ob wir sie überhaupt wollen und wer daraus Vorteile zieht, falls wir sie beibehalten.

Männer als Opfer taktischer Arroganz

Kälte, Distanz und Beziehungslosigkeit im mitmenschlichen Verhalten sind heutzutage überall zu beklagen. Moderne Menschen, vor allem in den Städten, haben genug damit zu tun, ihre antrainierten Rollen zu meistern und leistungsbereit zu bleiben. Sie wollen ohne großen Substanzverlust »durchkommen«. Für prosoziales Verhalten, für Gefühle und Mitleid mit anderen bleibt dabei oft kein Platz.

Es ist somit sinnlos, an Orten des geschäftlichen oder ideologischen Austausches nach mitmenschlicher Wärme zu suchen. An Börsen, in Parlamenten, in Boxarenen, bei rechtsextremen Parteiversammlungen und militant fundamentalistischen Zirkeln wird man menschliche Nähe und Verständnis für die Bedürfnisse des anderen – des »Gegners« – vermissen.

Aber auch und gerade an Orten, die der Begegnung eigentlich dienen sollen – in Bars und Diskotheken, an Sommerstränden oder auf belebten Plätzen der Großstadt –, ist zu spüren, dass die Individuen unserer Leistungsgesellschaft ihr negatives Erziehungspensum gefressen haben: Sie sind cool und arrogant, zeigen kein Interesse am anderen, sind nur darum bemüht, den eigenen Wert zu kennen und diesen möglichst zu steigern.

Die Folge einer solchen »Leistungsbereitschaft« nach den gegenwärtigen Normen unserer Gesellschaft sind jene Wesen, die einem desinteressiert und kalt entgegenstarren, meist mit einem angedeuteten, amüsierten Lächeln im Gesicht, das die eigene Überlegenheit signalisieren soll. Man will auf keinen Fall am anderen interessiert oder orientiert erscheinen. Interesse, gar Gefühle machen schwach. Dadurch wird man verwundbar. Und weil man den Dialog als Kampf zu begreifen scheint, in dem es nur Sieger oder Besiegte geben kann, bietet man lieber keine Angriffsfläche.

Stadtbewohner kennen diese Situation. Sie begegnet ihnen täglich hundertmal. Geradezu gezwungen zur Kontaktaufnahme mit anderen, bilden sie ganz instinktiv ein Abwehrverhalten aus. Und dies hat auch durchaus eine positive Schutzfunktion, denn kein Individuum kann es sich leisten, all die anderen, denen man täglich im Stadtbetrieb begegnet, zu nahe an sich herankommen zu lassen. Es wäre auch unsinnig, jeden Mitmenschen zu grüßen, wie man dies beispielsweise auf dem Dorf tut. Nur wer eine sachliche Rechtfertigung für eine Annäherung vorweisen kann, wird herangelassen, er wird gegrüßt, er wird angehört. Die anderen sind Luft. So will es das ungeschriebene Gesetz der Großstadt.

Die bewusst gespielte Arroganz ist also zunächst nicht nur auf die Frauenrolle beschränkt. Auch Männer setzen diese Taktik ein, wenn sie sich andere vom Hals halten wollen, wenn sie deren Zugang zum eigenen »Territorium« erschweren wollen. Mit solchem Verhalten wollen auch Männer Kontaktversuche nicht erwünschter Personen erschweren. Es darf vermutet werden, dass taktische Arroganz ganz allgemein dem Selbstschutz von Menschen mit mangelndem Selbstwertgefühl dient: Dadurch werden mögliche Misserfolge bei zukünftiger Kontaktaufnahme von vornherein vermieden. Die Devise dabei lautet: Auf gar keinen Fall bedürftig erscheinen!

Ein solches Verhalten ist natürlich Spiel. Denn gerade in der Großstadt möchte eigentlich jeder interessante, neue Kontakte knüpfen, die sich auf dem »freien Markt« der Individuen in großer Zahl anbieten. Jeder möchte, aber keiner möchte beginnen. Insgeheim gilt, wer die Initiative als erster ergreift, der hat die schlechteren Karten, denn er verschafft dem anderen, dem bloß Reagierenden unfreiwillig einen Status von Macht. Dies wird besonders wichtig im Fall des Geschlechterkontaktes. Und weil die Männer als Gesamtgeschlecht noch immer dazu erzogen sind, die Initiative zu ergreifen – also die Deckung zu verlassen und sich bloßzustellen –, besitzen die Frauen einen Vorteil. Es ist der entscheidende Vorteil, und sie nutzen diesen.

Männer sind aktiv, Frauen sind passiv. Zwar gibt es mittlerweile eine Ratgeberliteratur, die auch Frauen ermuntert, den ersten Schritt zu tun. Und viele Frauen probieren die neue Aktivität auch aus. Aber letztlich ist doch in der Praxis beinahe alles beim alten geblieben.

Das hat wiederum damit zu tun, dass die Angst vor Zurückweisung stark und die Verletzungsgefahr groß ist. Und da Männer das angeblich stärkere Geschlecht sind, traut man ihnen eher zu, die Schmerzen der Zurückweisung zu ertragen. Sie sind darin geübt, also sollen sie es auch weiterhin übernehmen.

Frauen haben in den letzten Jahren bisweilen die Initiative ergriffen. Aber sie haben erwartet, allein deshalb schon »erhört« zu werden, *weil* sie aktiv waren. Wenn der erwartete Erfolg nicht eintraf, haben sie sich sehr schnell wieder zurückgezogen – sogar noch weiter hinter ihren vorherigen Standpunkt. Und sie haben den Männern vorgeworfen, die von ihnen lautstark eingeklagte Initiative von Frauen psychisch gar nicht verkraften zu können.

Aber die Frauen haben dabei nicht beachtet, dass Initiative nicht schon an sich einen Wert darstellt. Man muss vor allem die Situation des anderen kennen oder einschätzen können, um ihn nicht zu überrennen. Ein »ey, Typ, wie wär's mit uns, Bock auf mich?« – vielleicht noch verbunden mit einem ordinären Griff an den Schlips oder in andere Regionen – geht meist voll daneben.

Wenn eine solche Initiative von Frauen nur ein vereinzelter, spontaner Ausflug ist, dem keine gesellschaftliche Realität eines insgesamt veränderten Rollenverständnisses entspricht, dann wird sie, das ist vorhersehbar, auch in Zukunft misslingen. Und die Frauen als Gesamtgeschlecht werden sich verständlicherweise hüten, auch die Nachteile bei der Kontaktaufnahme freiwillig in Kauf zu nehmen, die darin bestehen, die eigene Aura der Unnahbarkeit zu verletzen. Denn Frauen wissen ganz genau, welche Vorteile die konventionelle, passive Frauenrolle bietet. Also setzen sie eher auf die Verlängerung des Spannungszustandes, auf die Koketterie, den Flirt, die nicht eindeutigen Signale.

Der deutsche Philosoph Georg Simmel beschreibt dies Verhalten in seinem Werk »Philosophische Kultur« im Jahr 1911 so: »Die Macht der Frau über Ja und Nein liegt vor der Entscheidung: hat sie entschieden, so ist, in beiden Fällen, ihre so gefärbte Macht zu Ende. Die Koketterie ist das Mittel, diese Macht in einer Dauerform zu genießen.«

Spätestens mit der Pubertät werden die Erziehungsziele bei Mädchen und Jungen festgeschrieben. Die Mädchen lernen, dass sich Zurückhaltung auszahlt – denn sie treibt den eigenen Wert hoch. Im Gegensatz dazu kann Initiative sehr schnell einen Statusverlust mit sich bringen und die zukünftigen Chancen mindern. Wer seine Gefühle als erster offenbart, gerät in den Verdacht, wenig begehrt zu sein – oder gar eine Macke zu haben. Umgekehrt lässt taktische Zurückhaltung von Mädchen bei Eroberungsversuchen von Jungen darauf schließen, dass sich das betreffende Mädchen die Bewerber aussuchen kann, also sehr gefragt ist. Sie hat es nicht nötig. Er hingegen ist zur Aktivität verdammt, in jedem Fall. Und selbst in seinen Augen gewinnt sie dadurch. Er würde ja misstrauisch werden, wenn sie zu schnell auf ihn eingeht. Es ist wie bei jenem Witz, der dem Filmkomiker Groucho Marx zugeschrieben wird (Woody Allen erzählt ihn am Anfang seines Films »Annie Hall«): »Ich möchte keinem Club angehören, der Leute wie mich als Mitglied aufnimmt.«

Die entscheidende Frage für jeden Mann ist die: Wie erkenne ich, dass ich bei meinem weiblichen Gegenüber Chancen habe? Denn was bei der einen ankommt, führt bei der anderen zu Hilferufen nach der Polizei. Und manche Frau hält heutzutage schon einen etwas ausgedehnteren Blickkontakt für eine Art von sexueller Gewalt. Andere werden einen Mann nur deswegen nicht erhören, weil er ihr nicht lange genug in die schönen Augen geschaut hat. Ein echtes Dilemma für den konventionellen Mann. Er sollte sich fragen, warum er dies Dilemma überhaupt auf sich nehmen will.

Die noch immer gültige Ansicht lautet, dass Frauen sich darauf beschränken sollen, gewisse Signale auszusenden – im biologischen Bereich sind das Duftsekrete –, sich aber dabei völlig unverbindlich zu verhalten, um gegebenenfalls ohne Schaden aus der Sache herauszukommen. Sie dürfen nicht »das Gesicht verlieren« – es ist zu kostbar. Männern wird hingegen jederzeit zugemutet, ihr Gesicht zu verlieren – es ist ohnehin weniger hübsch.

So begegnen wir jenen Frauen, die anziehen und abstoßen, die locken und leugnen, deren Wechselspiel aus eindeutigen Zweideutigkeiten angeblich den Reiz der lustvollen Verführung ausmacht. Fragt sich nur, für wen dieser Reiz besteht? Welcher Mann auch immer jedenfalls das »Come-on-Signal« empfängt, er ist mit Sicherheit dressiert genug, sich daraufhin wie unter Zwang in Bewegung zu setzen.

Männer, denen eine solche Kontaktaufnahme mit dem anderen Geschlecht gefällt, sind leistungsorientierter. Es sind die alten »Jägernaturen«, die eine Frau »erlegen« und die nach vollbrachter Tat eine Kerbe ins Bett schnitzen. Für diese sich selbst »männlich« definierende Spezies unserer Konkurrenzgesellschaft geht es nur um Sieg oder Niederlage. Das ist das alte Macho-Gehabe. Und die Entsprechung dazu ist nichts anderes als das alte Weibchen-Gehabe. Beides ergänzt sich und bedingt einander.

Von gelegentlichen Ausnahmen abgesehen, ist nichts davon zu hören, dass es einer »Neuen Frau« vorgeschrieben ist, sich bei Kontaktaufnahme zukünftig anders zu verhalten. Im Gegenteil: Alle Ratgeber beschränken sich darauf, lediglich die Erfolgsquote für Frauen erhöhen zu wollen. So bleiben beispielsweise die »Verführ-Tricks von Frauen, die sich was trauen« (Neue Revue vom 11.5.1995) alte Kamellen von weiterhin passiven Weibchen, die sich nur ein paarmal mehr als bisher durch das tolle Haar fahren oder den Rock zwei Zentimeter kürzer tragen, um den Mann anzumachen. Dagegen sollte der »Neue Mann« schon mindestens einen ausgedehnten und kostenintensiven Grundkurs in Flirt-Training absolviert haben, um sich seiner Angebeteten erfolgreich nähern zu dürfen.

Von ihm wird verlangt, dass er neue, raffinierte Methoden erfindet, um zum Ziel zu gelangen. Er soll nett, aufgeschlossen, sensibel, intelligent, souverän, zugänglich, rücksichtsvoll, flott und auch noch erfolgreich sein. Er darf kein einziges der Wörter benutzen, die früher von Männern benutzt wurden, um eine Frau anzusprechen. Die klassischen Floskeln: »Kommen Sie öfter hierher?« oder: »Kenne ich Sie nicht?« sind passé.

Der Kreativität eines Mannes, eine Frau »rumzukriegen«, sind keine Grenzen gesetzt. Währenddessen lehnen sich die »Neuen Frauen« gelangweilt zurück und führen eine Strichliste des Erfolgs. Von ihnen wird weiterhin nichts verlangt. Vom Mann weiterhin alles.

Wohin das führt, das ist noch nicht abzusehen. Vielleicht dahin, dass junge Männer noch stärker als bisher in autoerotische Formen der Kommunikation flüchten, wie jüngst der Münchner Psychologe Walter Kiefl in einem Ausatz (»Männer als Opfer taktischer Arroganz bei der Begegnung mit Frauen«) vermutete. Wozu sicher auch die zu beobachtende Hinwendung zur Computer-Kommunikation bzw. zu Spielarten des Cyber-Sex zählt. Für solche narzisstischen Umgangsformen zahlt man nur einen geringen seelischen und sozialen Preis. Und gilt auch noch als »Fachmann«.

Eine derartige Entwicklung ist nicht nur nicht wünschenswert, sie ist verhängnisvoll für das mitmenschliche Klima. Aber vor dem Hintergrund der beschriebenen, nach wie vor – oder genauer gesagt: mehr denn je – zur Grundausstattung vor allem der Frauen gehörenden taktischen Arroganz gegenüber männlichen Kontaktpersonen wäre diese Entwicklung zumindest verständlich. Wer das Prinzip des anerzogenen, gespielten Desinteresses am anderen Geschlecht aus taktischen Gründen – also bis die andere Seite nachweislich zahlen kann – kultiviert, trägt zur Verarmung der Liebesfähigkeit der Individuen bei. Und lässt die Geschlechterrollen beim alten. Ja, er vergiftet den Umgang der Geschlechter mehr, als er sich vorstellen kann.

Vor allem Männer werden dabei weiterhin – ohne es zu merken oder gar zu beklagen – Opfer unsicherer und gedankenloser Frauen.

RATSCHLAG FÜR MÄNNER

Fragen Sie sich nicht: Mein Gott, was wollen die Frauen? Gehen Sie davon aus, dass sie das Gleiche wollen wie Sie selbst. Verlangen Sie deshalb von ihnen, den gleichen Anteil bei der Kontaktaufnahme zu leisten und den gleichen Preis zu zahlen.

Eine Frau, die dies ablehnt, taugt ohnehin nichts für Sie!

Die Image-Falle

Männer scheinen sich nur dann für attraktiv zu halten, wenn sie für andere die Kohlen aus dem Feuer holen. Sie wollen sich Liebe unbedingt verdienen. Können sie dies nicht, dann liegt ihr Selbstwertgefühl bei Null. Diese Verzeichnung des eigenen Bildes muss aufhören.

Männer brauchen heutzutage eigentlich als Gesamtgeschlecht eine Schwadron von Image-Beratern. Am besten wäre es, wenn diesen Job Frauen übernehmen würden, denn wir glauben ihnen mehr. Aber wie die Dinge liegen, müssen Männer selbst aktiv werden und ihr Bild aufpolieren, denn Frauen haben mit sich selbst genug zu tun. Männer müssen aus eigener Kraft aus der Krise herausfinden, aber jede Frau, die ihnen dabei hilft, ist willkommen.

Welche Auswege bieten sich an?

Wir müssen damit aufhören, Männer so abzurichten, dass sie in unserem Auftrag nur die Muskeln spielen lassen müssen. Männer sind wenig attraktiv, wenn sie töten und sterben, ihr Bild gleicht dann dem von gesellschaftlichem Ausschuss, den wir freiwillig opfern, damit wir unsere Ruhe haben. Männer aber sind mehr als Ausschuss. Sie müssen in *allen* ihren Bedürfnissen und Wünschen ernst genommen werden. Nicht nur in ihren Muskelspielen, zu denen wir sie sozialisieren.

Es nutzt allerdings nichts, wenn Männer sich in den Schmollwinkel zurückziehen und dort fundamentalistische Parolen skandieren oder über Frauen herziehen. Sie müssen sich zunächst mit sich selbst und dann auch mit Frauen zusammentun und überlegen, was getan werden muss. Und die Frauenbewegung muss sich ihrerseits auf die Männer zubewegen, anstatt das Trennende zu formulieren. Es muss klar sein, dass die Frauenbewegung nicht die ganze Wahrheit herausfindet, sondern im Bemühen, Frauenpositionen in Vergangenheit und Gegenwart zu betonen, eben nur ihre spezielle Halbwahrheit. Die ganze Wahrheit können nur beide Geschlechter gemeinsam formulieren.

Wir leiden heute darunter, dass wir – angestachelt von einer unbarmherzigen, fordernden und wütenden Frauenbewegung – immer nur das Trennende betonen. Das Trennende zu betonen ist jedoch destruktiv –, und es entspricht darüber hinaus einem männlichen Prinzip. Ist dies der feministischen Seite bewusst?

Befriedigender ist es, gerade in unseren wenig ermutigenden, unsicheren und schwierigen Zeiten das Gemeinsame der Geschlechter zu betonen und es zu fördern. Denn es warten in der nächsten Zukunft Aufgaben auf uns, die wir nur miteinander meistern können. Letztlich werden wir miteinander auskommen müssen. Wir haben kein anderes – drittes, künstliches, mit positiven Eigenschaften geklontes – Geschlecht in Reserve, das unsere zukünftigen Probleme lösen wird. Es gibt nur Männer und Frauen. Mit ihnen beginnt alles und endet alles.

Wenn die Geschlechter weiter aneinander leiden, hat das sogar einen negativen volkswirtschaftlichen Aspekt, der zukünftig immer dramatischer werden könnte. Denn wenn 42 Prozent der Paare, wie nach einer jüngsten Erhebung der Freien Universität in Berlin zum Ausdruck kam, angeben, gerade unter dem fordernden Druck der Frauenbewegung in ihrer Beziehung unglücklich zu sein und sich gedanklich dauernd damit beschäftigen zu müssen, dann liegt es nahe, dass darunter in erheblichem Maß ihre Leistungsfähigkeit, Konzentration und Motivation leidet. Wenn immer weniger Frauen vorurteilslos mit Männern zusammenarbeiten wollen und immer mehr misstrauische Männer Frauen als Kolleginnen ablehnen, dann sind das emotionale Konsequenzen, die teuer werden.

Das miserable Image, das die Männer als Gesamtgeschlecht heutzutage besitzen, kommt natürlich nicht nur durch ungerechtfertigte Attacken der feministischen Seite zustande. Es ist auch die Folge eines ungebremsten Machismus und politischen Größenwahns vieler Männer, die in den alten Posen verharren, weil sie noch keine neuen Signale empfangen haben. Beide Seiten arbeiten sich im Grunde in die Hände, indem sie die Frauen zu schwachen und bemitleidenswerten Opfern erklären, während man den Muskelmännern, die ohnehin »nicht zu retten« sind, verächtlich das Feld überlässt.

Männer müssen die Chance erhalten, ihre liebenswerten Seiten zu entwickeln. Das geht nicht, indem man ihnen erklärt, sie müssten so werden, wie Frauen schon sind. Denn Frauen sind nur so, wie sie sind, weil Männer ihnen in der Vergangenheit einen Schutzraum zugewiesen haben, in dem sie ihre liebenswerten Seiten entwickeln konnten. Wenn Frauen heute einfordern, auch ihre »bösen« Seiten entwickeln zu können, müssen Männer davor gerettet werden, dauernd Löwen zum Fraß vorgeworfen zu werden. Also als potentielles Kanonenfutter zu dienen, das in jeder zweiten Generation einmal gebraucht und »verwertet« wird. Der über Männer verhängte physische und psychische »Einberufungsbefehl« muss gelockert werden, damit sie mehr Wahlfreiheit erhalten – eine Wahlfreiheit, die Frauen heute jederzeit zugebilligt wird.

Liebenswert können Männer logischerweise nur werden, wenn man ihnen Gelegenheit gibt, ihre liebenswerten Eigenarten zu entwicklen, *ohne* dass sie dadurch in Konflikt mit ihrer gesellschaftlich sanktionierten Rolle geraten. Und in diesem Fall werden sie es sofort, davon bin ich überzeugt.

Auch für das männliche Geschlecht sollten Selbstverwirklichung und Erfüllung auf dem Programm stehen, das bisher nur die Frauenbewegung für ihr Klientel einklagte. Wenn Männer nicht nur anbaggern müssen und den Druck der Verantwortung spüren, der allein auf ihnen lastet, dann können sie sich auch um ihre tieferliegenden Bedürfnisse kümmern. Das erfordert jedoch zugleich ein verändertes Verhalten der Frauen, die ein solches Recht der Männer anerkennen sollten – auch zu ihren Lasten.

Eine schnelle Lösung der Geschlechterproblematik gibt es nicht. Deshalb sind meine Vorschläge auch bescheiden. Es scheint mir ohnehin wenig sinnvoll, Prognosen zu entwerfen, hinter denen möglicherweise die Analyse dessen, was ist, aus dem Blick gerät. Wichtiger ist es, zunächst einmal einen genauen Blick auf die Geschlechterverhältnisse zu werfen; je genauer dieser ist und die wahren Verhältnisse sichtbar macht, desto deutlicher zeichnen sich dadurch die Ansatzpunkte für Veränderungen ab.

Das Hauptziel muss über alle Konflikte hinweg die Annäherung sein, um den drohenden GAU DER GESCHLECHTER zu vermeiden. Da es heute keine großen Rollenvorbilder mehr gibt und wir auch damit aufhören sollten, auf die Paradegäule der Geschichte zu starren, schlage ich vor, dass wir uns an kleinen, alltäglichen Rollenvorbildern orientieren. Dazu müssen sich Männer und Frauen jedoch wieder ansehen. Und Frauen müssen aus dem Exerzierfeld ihrer Scheinfreiheit, in der sie Wut und aggressive Emanzipation auszudrücken gelernt haben, zu ihren Männern zurückfinden.

Kleine Rollenvorbilder sind die eigentlich wichtigen. Auf sie müssen wir schauen. Es gibt wunderbare Frauen, jenseits der Göttinnen, der modischen Trendsetterinnen, der Propagandistinnen, der Wütenden. Das sind Frauen, die nicht nur auf die Wirkung der »weiblichen Stereotype« setzen und sich trauen, ihre eigene Geschlechterrolle und die des Partners zu überdenken. Auch dann noch, wenn die Resultate zu eigenen Nachteilen führen. Diese Frauen sind in erster Linie Menschen, die mit anderen Menschen, mit Männern, kommunizieren wollen. Es sind unter Umständen ganz einfache Frauen, die die Hoffnung auf eine allmähliche Veränderung der Rollenverständnisse nähren.

Solche Frauen reden wieder mit Männern. Und zwar mit solchen Exemplaren der männlichen Gattung, die selbstbewusst und ohne Schuldgefühl ihr Männlichsein erleben können. Das sind kreative, tüchtige, starke und sensible Männer, die zuallererst an sich denken und über sich nachdenken, bevor sie sich an Frauen und deren Bedürfnissen orientieren, nicht zuletzt dann, wenn sie eine Krisenerfahrung gemacht haben. Krisenerfahrungen sind wichtig, denn sie relativieren den primären Narzismus.

Auch solche Männervorbilder können banal sein. Ihre Größe liegt dann gerade darin, dass sie nicht mehr scheinen wollen, als sie sind.

Männer und Frauen werden sich wohl in ihrem Rollenverständnis neu definieren müssen. Männer weiten ihren inneren Reichtum aus, Frauen ihren äußeren Erlebnishorizont. Männer versuchen nicht, wie Frauen zu werden, Frauen nicht wie Männer. Beide hören damit auf, sich vom anderen Geschlecht zähmen zu lassen, sie schaffen ihre eigenen, unverwechselbaren Wertmaßstäbe und stehen dazu.

Wenn wir davon ausgehen können, dass beide Seiten, Männer wie Frauen, an sich arbeiten müssen, dann ist in dieser Tätigkeit ausreichend Energie gebunden. Zeit für bequeme Vorwürfe und bloße Schuldzuweisungen an den anderen bleibt dann kaum noch. Es ist ein 24-Stunden-Job, sich zu verändern.

Männer werden nicht mehr umhin können, sich aus ihrer psychischen Rollenfalle, mit dem Mütterlich-Weiblichen auf ewig vernetzt zu sein, zu befreien. Gleichzeitig können sie dann daran arbeiten, ihre Angst vor der sich emanzipierenden, klaren Frau aufzugeben. Und Frauen müssen ihr taktisches Verhältnis zu Männern, das aus ihrer lange währenden Position im »Patriarchat« gewachsen ist, beenden. Sie dürfen den Weg der Emanzipation nicht vortäuschen, um nur die alten Privilegien um so ungehinderter genießen zu können.

Männer müssen sich mit ihren weiblichen psychischen Anteilen ebenso versöhnen wie Frauen sich mit ihren männlichen psychischen Anteilen. Viele Frauen streben heute nach männlichen Anteilen, ohne sich mit ihren ureigenen weiblichen Anteilen versöhnt zu haben – man redet ihnen ein, diese seien nicht »trendy«. Wer Frauen also als Charaktere eigentlich sind, das wird immer undeutlicher. Eine Konsequenz daraus ist, dass viele Frauen heute nur noch das fordern, was Männer schon haben, ohne den langen und anstrengenden Weg dorthin mitmachen zu wollen bzw. ohne die Leistung der Männer zu würdigen, die zu diesem Besitzstand führte.

Männer können sich nur ändern, wenn die Zwänge ihrer Rolle in der traditionellen Gesellschaft überprüft und schrittweise aufgegeben werden. Dabei ist zuallererst nötig, dass wir ihre Leistungen würdigen und nicht nur ihr Versagen tadeln.

Frauen sind nicht besser, und Männer sind nicht schlechter. Schon gar nicht als ihr Ruf.

Die alten Rollenschemata haben ausgedient. Sie können ohne Tränen auf die Müllhalde der Geschichte geworfen werden.

Wir fangen noch einmal an.

RATSCHLAG FÜR MÄNNER

Machen Sie sich endlich auf den Weg! Ihre alte Rolle macht Sie nur unglücklich – und Ihre Partnerin auch. Sie sind nicht mehr nur der sorgende Papa, Sie sind auch der, der sich emanzipieren will. Dass Sie Geld heranschaffen können, haben Sie bewiesen. Jetzt kümmern Sie sich um ihre liebenswerten *Eigenschaften. Bestehen Sie darauf, den Schritt in die* Selbstverwirklichung *zu tun. Ihre Frau wird Sie dabei unterstützen.*

Es ist noch nicht zu spät. Wir fangen noch einmal an.

Literaturverzeichnis

Amendt, Gerhard: Wie Mütter ihre Söhne sehen, Bremen 1993

Beauvoir, Simone de: Das andere Geschlecht, Reinbek 1992

Benard, Cheryl/Schaffer, Edit: Laßt endlich die Männer in Ruhe, Reinbek 1992

Benard, Cheryl/Schaffer, Edit: Liebesgeschichten aus dem Patriarchat, Reinbek 1981

Benjamin, Jessica: Die Fesseln der Liebe, Frankfurt a.M. 1990

Biddulp, Steve: Männer auf der Suche, o.O. 1996

Bischof, Norbert: Das Rätsel Oedipus, München 1985

Bitterman, Joan: Rettet die Männer, München 1991

Bly, Robert: Eisenhans, München 1993

Brownmiller, Susan: Gegen unseren Willen. Vergewaltigung und Männerherrschaft, Frankfurt a.M. 1978

Brownmiller, Susan: Weiblichkeit, Frankfurt a.M. 1984

Chesler, Phyllis: Über Männer, Reinbek 1982

Corbin, Alain (Hrsg.): Die sexuelle Gewalt in der Geschichte, Berlin 1992

Crabb, Lawrence J.: Das Schweigen der Männer, o.O. 1997

Dieckmann, Dorothea: Unter Müttern, Hamburg 1995

Dowling, Colette: Perfekte Frauen, Frankfurt a.M. 1992

Dowling, Colette: Der Cinderella-Komplex, Frankfurt a.M. 1984

Dworkin, Andrea: Pornographie. Männer beherrschen Frauen, Köln 1987

Dux, Günter: Die Spur der Macht im Verhältnis der Geschlechter, Frankfurt a.M. 1992

Ehmann, Hermann: Männerängste, Zürich 1997

Erhardt, Ute: Gute Mädchen kommen in den Himmel, böse überall hin, Frankfurt a.M. 1994

Evatt, Cris: Männer sind vom Mars, Frauen von der Venus, Hamburg 1992

Farrell, Warren: Mythos Männer Macht, Frankfurt a.M. 1995

Fischkurt, Eva Julia: Wenn Frauen nicht mehr lieben, Düsseldorf 1998

Friday, Nancy: Befreiung zur Lust, München 1991

Gray, John: Männer sind anders. Frauen auch, München 1994

Heyne, Claudia: Täterinnen, Zürich 1993

Horney, Karen: Die Psychologie der Frau, Frankfurt a.M. 1994

Kiley, Dan: Das Peter-Pan-Syndrom, München und Hamburg 1987
Pilgrim, Volker Elis: Muttersöhne, Düsseldorf 1986
Reski, Petra: Eine Prinzessin zahlt nie selbst, Bergisch Gladbach 1995
Rijnaarts, Josephine: Lots Töchter, Düsseldorf 1988
Rutschky, Katharina: Erregte Aufklärung, Hamburg 1992
Schulz, Berndt: Die Frauen sind an allem schuld, Hamburg 1996
Schwarzer, Alice: Von Liebe und Haß, Frankfurt a.M. 1992
Vilar, Esther: Der dressierte Mann, Gütersloh und Wien 1971
Wieck, Wilfried: Männer lassen lieben, Stuttgart 1987
Wiber, Ken: Eros, Kosmos, Logos, Frankfurt a.M. 1996
Zaschke, Anna: Frauenfronten, Frankfurt a.M. 1994
Zerrahn, Signe: Entmannt. Wider den Trivialfeminismus, Hamburg 1995